TEOLOGIA DE MULHERES

Dados Internacionais de Catalogação na Publicação (CIP)
(Câmara Brasileira do Livro, SP, Brasil)

Teologia de mulheres : desafios epistemológicos hoje /
Maria Clara Bingemer (org.). – Petrópolis, RJ : Vozes, 2025.

Várias autoras.
ISBN 978-85-326-7141-7

1. Epistemologia 2. Mulheres – Aspectos religiosos – Cristianismo 3. Teologia cristã I. Bingemer, Maria Clara.

25-262301 CDD-230

Índices para catálogo sistemático:
1. Teologia 230

Eliete Marques da Silva – Bibliotecária – CRB-8/9380

Maria Clara Bingemer (org.)

TEOLOGIA DE MULHERES

DESAFIOS EPISTEMOLÓGICOS HOJE

EDITORA VOZES

Petrópolis

© 2025, Editora Vozes Ltda.
Rua Frei Luís, 100
25689-900 Petrópolis, RJ
www.vozes.com.br
Brasil

Editoração: Débora Spanamberg Wink
Diagramação: Editora Vozes
Revisão gráfica: Fernando Sergio Olivetti da Rocha
Capa: Larissa Brito

ISBN 978-85-326-7141-7

Este livro foi composto e impresso pela Editora Vozes Ltda.

Sumário

Introdução

O que pode haver de novo na teologia feita por mulheres?

Maria Inês de Castro Millen

Teologia é um jeito de falar, coisa humana, muito modesta... Isso pode parecer pouco. Uma simples fala fará alguma diferença? Parece que o mundo se faz é com músculos, ferramentas, trabalho, armas... No princípio está o ato... Mas o Evangelho de João diz o oposto, que o mundo começa com a palavra: "No princípio era o Verbo..." Antes de todos os atos que se fazem está uma palavra que se diz.

Rubem Alves

Introdução

Começo este texto em primeira pessoa, pois reconheço que somos mulheres no plural. Cada uma de nós carrega consigo sua rica história de vida, que sempre pode trazer alegrias e satisfações, mas também amarguras e desalentos. Falo a partir de uma experiência de resiliência e de ocupação de lugares que muitos me disseram que não me pertenciam: a medicina e a teologia. Ocupar com sucesso esses lugares, sendo também esposa, mãe e avó, tem sido um desafio e tanto. Desistir nunca esteve no programa, então eu sigo, apesar das muitas dificuldades encontradas no caminho, e o que posso dizer é que tudo valeu a pena.

Reconheço que a história dos povos nos permite dizer que as mulheres fazem teologia há milhares de anos, desde que começaram a observar seus corpos e a questionar suas existências, que transitavam entre a vida, instável nas suas alegrias e dores, e a morte como certeza. Essa história nos diz que a probabilidade do reconhecimento de deuses ou de Deus e do relacionamento do ser humano com eles sempre rondou o imaginário coletivo dos povos. Estes sempre fizeram religião, na busca pelos seus desejos mais ocultos, e inventaram palavras, ritos, símbolos, festas, ofertas, rezas, bendições. A busca pelas origens e o desejo de dar sentido à finitude, frente à incompreensão do mistério do viver e do morrer, sempre levaram as pessoas a buscar uma possível relação com a transcendência, já que a vida não é autoexplicativa.

Nós, mulheres, aprendemos a viver nas brechas em uma sociedade patriarcal e machista. Nossa história ainda não foi devidamente contada nos livros oficiais, mas foi contada e recontada por tantas que nos precederam, nas narrativas sussurradas ou até gritadas ao pé do fogo, nas margens dos rios, nas florestas, nas salas, nos quartos e nos quintais das nossas casas.

Mas nossa experiência na vida pública – e sobretudo na Teologia, que é nosso tema de interesse aqui – sempre dependeu de alguma concessão masculina. Além disso, aprendemos a fazer ciência e teologia com os homens. Os textos aos quais tivemos acesso nos nossos estudos já estavam prontos e tinham sido escritos por eles. Textos filosóficos e teológicos, interpretações das Escrituras e dos autores antigos, textos científicos de diferentes áreas, todos, com raríssimas exceções, comunicavam um modo masculino de ver e sentir a existência. Esse modo de aprender deixou marcas no agora concedido fazer teológico.

No entanto, as mulheres – que vivem mais de perto, no próprio corpo, a experiência da vida com seus mistérios – relacionam-se com a transcendência de um modo muito próprio. Ouso pensar que elas possuem uma relação mais íntima com a Palavra que produz vida, a partir de seus corpos sexuados, que sangram ciclicamente, em função do amadurecimento das sementes, desde sempre guardadas em ovários – ninhos – ocultos no interior de seus ventres. Essas sementes maduras, quando fecundadas, geram outras vidas, que permanecem ainda por um tempo guardadas em um útero que as acolhe e alimenta de modo que cresçam até o tempo previsto para que venham à luz. Esse mistério das mulheres, guardiãs das sementes, mesmo quando não gestam, é espantoso para elas mesmas, mas sobretudo para os homens, nos quais isso sempre causou uma fascinação interrogante e um medo não revelado, exatamente pela impossibilidade de conhecimento, por eles mesmos, de um processo de formação da vida que pulsa e teima por existir, apesar de nós.

Essa situação existencial deveria fazer com que as mulheres fossem respeitadas e escutadas, pelo fato de elas mesmas estarem, antes de todos os outros, em contato direto, dentro de si, com a Palavra de vida, que possibilita todas as outras vidas.

Esse encontro íntimo com a Palavra criadora possibilitou desde sempre às mulheres uma intuição, um contato, um acesso próprio a uma teologia existencial, repleta de sabedoria, contada e recontada por meio de histórias, rezas, conselhos, símbolos, rituais, quase nunca reconhecida pelo saber oficial dos homens, e até das próprias mulheres, letrados e letradas.

A partilha dessas histórias nos permitiu compreender que precisávamos reinterpretar muito do que tínhamos aprendido e construir uma teologia que fizesse jus à nossa condição feminina e à nossa reconhecida humanidade e dignidade de criaturas.

Algumas perguntas se impuseram desde o início. Como proceder? Que caminhos seguir? Que dificuldades precisávamos transpor? Como fazer diferente sem usar dos métodos violentos e excludentes que abominávamos? O desafio estava posto, e hoje caminhamos um pouco às apalpadelas, tentando ainda abrir caminhos, construindo pontes e trilhas favoráveis.

Seguimos na esperança de que possamos construir algo novo a partir de uma realidade antiga, de dois mil anos atrás, vivida por um Deus que se fez corpo no corpo de uma mulher e que, participando de nossa humanidade, redime a todas e todos das opressões e das cargas que nos foram impostas.

A história que nos contaram

O Ocidente, como o conhecemos hoje, foi gestado em tempos longínquos por povos diferentes, e as ideias daí decorrentes foram tomando forma e se cristalizaram como verdades quase absolutas no inconsciente coletivo das pessoas. Só que a história dessas verdades foi escrita e contada pelos homens, aqueles que detinham o poder da fala e do mando. Assim, as mulheres nasceram e cresceram lendo textos, isto quando podiam, escritos por homens, e, apesar de sua sabedoria existencial, foram emudecidas e só escutaram e incorporaram aquilo que lhes foi contado, assumindo, no próprio corpo, as marcas das interpretações equivocadas e dos muitos mal-entendidos forjados nas afirmações que geraram violências, discriminações, dores e exclusões.

Hoje, com mais acesso ao conhecimento sobre nós mesmas e sobre a realidade, nós nos deparamos com uma longa e potente construção teórica de um mundo patriarcal, machista e misógino, exposto pelas diferentes áreas do saber, como a antropologia, a sociologia, a psicologia, a filosofia, a teologia, entre outras. Essa construção incidiu de forma vigorosa sobre os costumes e o modo de viver em sociedade. Conhecer e interpretar essa realidade passada e presente é fundamental para que possamos compreender o que se passa e o que se passou conosco.

A história que os homens escreveram sobre nós, sem nós, precisa se tornar um suporte por intermédio do qual possamos nos situar e projetar nosso presente e futuro. No entanto, é preciso ainda lembrar que alguns homens, ao se dedicarem a contar a sua própria história, incluíram-nos e nos nomearam, e portanto, através dessas histórias, podemos também nos encontrar. No Brasil, por exemplo, temos as obras de Gilberto Freyre, que nos ajudam a compreender a questão do patriarcado e iniciam um movimento de pensar o papel e a importância das mulheres para a construção da vida social, o que não era comum até então[1].

Hoje compreendemos que o patriarcalismo[2], nutrido e construído por uma mentalidade dualista excludente, tem algumas características específicas que eu gostaria de relembrar. Ele considera o homem, o macho, como aquele que é o forte, o guerreiro, o centro do universo, o chefe da família, o pai provedor, o que deve sempre ser obedecido, pois tem o poder de fala e de mando e é o que constrói a cultura e as subjetividades.

Muitas mulheres introjetaram essa realidade fabricada e passaram a se considerar inferiores, frágeis, menores, sem importância para o contexto familiar e público a não ser no exercício das funções para as quais disseram que tinham sido feitas, elencadas

1. Para compreender melhor a história do patriarcado no Brasil, cf. Freyre (1959, 2002a, 2002b).

2. O texto que segue, sobre o patriarcalismo, traz uma releitura de Millen (2021).

socialmente como as de reprodução e cuidado da casa e da prole. Nesse contexto, as qualidades da discrição, do silêncio, da delicadeza, da obediência, sempre foram exaltadas. Assim, a incidência da mulher na esfera pública não estava prevista nem deveria acontecer, e qualquer articulação para esse fim precisaria ser desfeita e até penalizada.

Fátima Quintas, antropóloga, contista, ensaísta e cronista brasileira, nascida no Recife, faz uma atenta leitura de Gilberto Freyre e nos apresenta, no seu ensaio *Sexo à moda patriarcal*, a vida das mulheres portuguesas no Brasil colonial, forjada, segundo ela, por um "patriarcalismo arrogante e penianamente imperativo. A mulher margeava uma civilização nascida sob a égide do macho" (Quintas, 2008). Suas palavras são contundentes e apresentam uma história que ainda precisa ser divulgada e compreendida:

> A subalternidade feminina, albergada em celofane de proteção, vem de longe, atravessa mares, continentes, ilhas [...] Milênios vão se multiplicando por entre uma infância preconceituosa. Os valores se cristalizam e a educação formal recrudesce os conceitos, tão bem adormecidos na mente da menina. É a cultura agindo sobre o indivíduo e revelando a sua face, às vezes hostil e racionalmente ardilosa. Universal, a inferioridade arrasta-se numa saga que beneficia o masculino e reprime o feminino (Quintas, 2008, p. 51-57).

O exemplo de uma leitura feminina de um revelador texto masculino nos traz com ainda mais força uma história real e ainda recente da vida das mulheres que habitaram nosso país. Através dele podemos compreender que o conceito de patriarcado, que se origina de um pacto masculino para garantir a submissão consentida das mulheres, avaliza a solidariedade entre os homens e os capacita a sempre estarem no controle no que diz respeito à vida dessas mesmas mulheres.

No horizonte da teologia, sabemos que o patriarcalismo também pode ser analisado a partir das referências religiosas que herdamos da cultura judaico-cristã. A história do cristianismo, contada através dos séculos, com sua interpretação das Escrituras, seus dogmas e preceitos, seus ritos e símbolos, foi também escrita pelos homens. Os teólogos, aqueles que escreveram, refletiram e analisaram a experiência de dois mil anos de cristianismo, foram, na sua grande maioria, homens que pertenceram a uma hierarquia clerical masculina e celibatária.

As mulheres, com algumas exceções no cristianismo dos primórdios, foram colocadas no lugar de receptoras e serviçais, sem nenhuma possibilidade de protagonismo. É importante relembrarmos que o universo religioso machista e misógino pode ser reconhecido através de inúmeras falas de importância considerada e tomadas como referência, muitas vezes até fora de contexto, mas com repercussões importantes na prática das igrejas cristãs através dos tempos. Vamos dar alguns exemplos, a começar por Paulo, na sua carta a Timóteo, que afirma:

> Durante a instrução a mulher fique escutando em silêncio, com toda a submissão. Não permito que a mulher ensine, nem que mande no homem. Ela fique em silêncio. Com efeito, Adão foi formado primeiro; Eva depois. E não foi Adão que se deixou seduzir, mas a mulher é que foi seduzida e se tornou culpada de transgressão. No entanto, ela será salva pela geração de filhos, se naturalmente perseverar na fé, no amor e na santidade, unida à modéstia (1Tm 2,11-15).

Esse é apenas um exemplo de um texto que, muitas vezes interpretado isoladamente e fora de seu contexto, trouxe um pensamento e um modo de ser que persistiu ao longo de toda a história do cristianismo e reforçou uma crença difícil de ser contestada.

É importante que conheçamos também o que pensavam sobre as mulheres alguns autores cristãos relevantes. Suas visões parciais, com interpretações que hoje são consideradas improcedentes, infelizmente exerceram muita influência na construção de uma mentalidade machista e misógina dentro do ambiente cristão. O teólogo e padre italiano Vittorio Mencucci, em um artigo que tem o título "As mulheres e a Igreja: as raízes de uma discriminação", traz-nos alguns desses escritos, que hoje nos indignam, mas nos ajudam a refletir. A citação de Mencucci (2018) é longa, mas penso valer a pena colocá-la na íntegra.

> "A mulher é o princípio do pecado e, por causa dela, todos nós morremos. O beato **Paulo** diz: 'Adão não foi enganado, foi a mulher que, enganada, cometeu a transgressão'. Não foi talvez por isso que o sábio disse: 'Qualquer maldade é pequena quando comparada com a maldade da mulher'?" (**São João Crisóstomo**).
>
> "Tu não sabes que és Eva... Tu és a porta do diabo... Tu és aquela que, por primeiro, violou a lei divina; tu és aquela que persuadiu aquele que o diabo não foi capaz de atacar; quão facilmente fizeste cair o homem, a imagem de Deus; pela pena por ti merecida, isto é, a morte, até mesmo o filho de Deus teve que morrer" (**Tertuliano**).
>
> "Não sabes que és mulher e que, através das mulheres, o inimigo combate os santos?" (**Leão Magno**).
>
> "A beleza do corpo está apenas na pele. Na realidade, se os homens pudessem ver o que está debaixo da pele, a visão das mulheres lhes daria náusea... Embora não suportemos tocar um cuspe ou um excremento nem mesmo com a ponta dos dedos, como é que podemos abraçar esse saco de excrementos?" (**Odo**, abade de **Cluny**).
>
> "Quando vês uma mulher, pensa que é um demônio, que é uma espécie de inferno" (**Odo**, abade de **Cluny**).
>
> "O vento Norte dá força, o Sul a tira... o vento Norte favorece a geração de homens, o vento Sul, a das mulhe-

res, porque o vento Norte é puro... o vento Sul é úmido e carregado de chuva" (**Alberto Magno**).

"A mulher é a própria sensualidade, que é bem representada por ela, já que, na fêmea, ela predomina por natureza" (**Pedro Lombardo**).

"A mulher, coisa frágil, nunca estável, exceto no delírio, nunca deixa de causar dano espontaneamente. A mulher, chama voraz, loucura extrema, inimiga íntima, aprende e ensina tudo o que pode causar dano, nascida para enganar, pensa ter tido sucesso, quando pode ser culpada. Enquanto consome tudo no vício, é consumida por todos e, predadora dos homens, torna-se, por sua vez, sua presa" (**Hildeberto de Lavardin**).

"Enquanto a mulher está para a geração e para a prole, ela difere do homem assim como o corpo difere da alma, mas, quando quer servir a **Cristo** mais do que ao mundo, então deixará de ser mulher e será chamada de homem (vir)" (**São Jerônimo**).

O que podemos tristemente constatar é que, depois de tantos séculos durante os quais esses pensamentos horríveis dominaram, depois de muitas outras reflexões feitas, mesmo pelos homens, mais inclusivas e menos ofensivas, que nos encaminharam para outra direção, muitos religiosos, celibatários, inchados de si mesmos, ainda hoje permanecem machistas e misóginos, com uma visão redutora e preconceituosa da mulher. Infelizmente o machismo na Igreja e o não reconhecimento das mulheres como pessoas – diferentes dos homens na sua constituição feminina mas iguais em direitos, pois portadoras de uma mesma humanidade – ainda persiste. O Papa Francisco, com suas atitudes, ainda tímidas, mas reais e significativas, que possibilitaram a inclusão das mulheres, ajudou a ressignificar o modo como elas devem ser consideradas, mas sabemos que há muito ainda por fazer.

Outras reflexões feitas por alguns homens que, conscientes do movimento de emancipação das mulheres, perceberam a armadilha na qual estavam inseridos e reagiram, também são importantes para o caminho que queremos percorrer. Retomo Sócrates Nolasco, um psicólogo que, no livro *O mito da masculinidade*, aponta a socialização dos meninos como um fator que suscita uma guerra entre homens e mulheres, o que explica muitas coisas já vividas até então. Ele nos diz assim:

> Em razão do método como são socializados, os homens concebem a noção de diferença como conceito biológico, um indicador de oposição entre ele e uma mulher. As diferenças, enquanto pares de oposição, no contexto patriarcal passam a ser compreendidas, pelos homens, como ameaça e criam-se mecanismos de defesa. No caso das mulheres, a desvalorização social a que ficaram submetidas durante anos pode ser entendida como uma reação a esta ameaça (Nolasco, 1993, p. 44).

É importante lembrar que as crianças quase sempre foram educadas e socializadas primeiramente por suas mães, que, ao introjetarem modos habituais de ser homem e mulher, ensinaram a seus filhos e filhas os papéis que deveriam desempenhar para que fossem socialmente aceitos e aceitas. Nolasco, refletindo a partir de seu lugar na história e de suas referências e estudos, começa a perceber que a ideia do homem como o que governa o mundo, sempre de modo violento e agressivo, não faz mais sentido, pois, para aderir aos valores e comportamentos determinados, eles tiveram, na verdade, que se submeter a violências contra si mesmos. Vejam o que ele diz:

> Um menino cresce ignorando as sensações que brotam do próprio corpo, distanciando-se da possibilidade de formar uma visão particular sobre ele mesmo. Assim, ele é conduzido pela sedução viril da família e da escola por sobre sucessivos estereótipos machistas. Dessa

> forma, eles são mantidos alheios aos afetos que os mobilizam e, portanto, embotam a sensibilidade que lhes é característica. Um menino é educado nas precariedades de um cárcere, para quando crescer se tornar seu próprio carcereiro (Nolasco, 1993, p. 47).

Essa visão masculina, também relacionada aos estudos de gênero, mostra-nos a precariedade das relações estabelecidas pelo patriarcado, muito prejudiciais à realização das mulheres, mas também à dos homens. Já sabemos que as mulheres viveram, e por incrível que pareça ainda vivem, uma submissão consentida, porque aprenderam desde sempre como devem ser e como devem se comportar para garantir que as boas expectativas da sociedade sobre elas se concretizem e que a ordem instaurada não seja quebrada. Os homens, por sua vez, também aprenderam como deveriam ser, com consequências não muito felizes para eles, como nos mostram hoje os autores que são sensíveis a essa temática. Pelas razões até aqui expostas é que sentimos que uma outra história precisa ser escrita, para narrar o que escutamos de outras mulheres e de outros homens que, no silêncio imposto por sociedades e por religiões autoritárias, viveram exilados de si mesmos e confinados na não visibilidade de suas existências.

A história que queremos contar

Para que compreendamos a história da submissão feminina, regida pelo patriarcalismo, que vem de longe, algumas mulheres, a partir do movimento feminista da década de 1980, iniciaram um percurso que inclui os chamados "estudos de gênero".

Esses estudos pretendiam avaliar as diferenças entre os sexos e denunciar o uso de certos poderes a partir da afirmação dessa diferença. O gênero, assim, se tornou um importante instrumento para mostrar a inadequação das diferentes teorias explicativas da desigualdade entre homens e mulheres por meio da dimensão biológica.

Hoje sabemos que os estudos de gênero nos ajudam a evitar dois grandes perigos: o primeiro é a consideração do masculino como ideal normativo para a humanidade (androcentrismo) e assumir o binômio dominação/subordinação como o único terreno de confronto; o segundo é a crença na assexualidade de algumas atividades e condições humanas. Por isso, acreditamos que a mediação de gênero constitui um instrumento importante para compreender, através de um meio diferente, a complexidade das relações humanas – que, inclusive, não se resumem ao binômio masculino/feminino.

Gênero é, portanto, um instrumento que tem em vista a transformação das relações sociais, quer a nível público, quer a nível doméstico de nossa existência. É, ainda, um instrumento de análise política das relações sociais entre homens e mulheres. Podemos, então, dizer que o objetivo principal dos estudos de gênero é colocar às claras, através dessa categoria, todo um sistema das relações de poder baseadas no papel social, político e religioso de nossa realidade de seres sexuados. A dificuldade com o estudo de gênero não reside no apontamento das diferenças biológicas, fisiológicas e hormonais, que são reais, mas sim nas diferenças construídas pela cultura, que são imaginadas.

Ainda não é demais lembrar que os estudos de gênero se transformaram em uma arma a ser usada contra as mulheres, fazendo emergir ideologias e polarizações que têm a função, entre outras, de desmerecer um estudo que denuncia um machismo tóxico que impregnou a nossa sociedade.

Gostaria ainda de dizer, amparada pelas ciências modernas, que a condição admitida de inferioridade da mulher e as atitudes daí decorrentes estão enraizadas no medo por ela provocado. O medo é gerador de fechamento ao diferente e de defesa violenta por parte de quem o sente. O medo nos incita a olhar o outro como inimigo a ser sempre combatido e abatido. A mulher, como já falado, com seu corpo sexuado, que sangra e reproduz, que guarda as sementes e as faz nascer e crescer, é sempre um mistério, para ela mesma, mas sobretudo para os homens, para os quais a incompreensão de um outro irreconhecível se torna ameaçadora. Os órgãos reprodutores femininos, escondidos no interior do corpo da mulher, velam sua potência vivificadora, e isso muitas vezes é assustador para os que não a têm. Sem querer entrar na complexa questão psicanalítica, por incompetência mesmo, apenas relembro a fala de Freud sobre as mulheres e seu complexo de castração. Seguindo esse raciocínio, talvez a misoginia masculina esteja também relacionada ao complexo de castração, não do falo, mas dos ovários e útero, imprescindíveis para que a vida germine, cresça e aconteça.

Por essas tantas razões, o machismo virulento que existe no seio de um cristianismo adulterado permitiu o resgate da dignidade, própria também das mulheres, apenas através da sua renúncia à sexualidade, da exaltação da virgindade e do relacionamento sexual destinado somente à procriação. Desse modo, suas virtudes, fora do estado virginal celibatário, se apresentam quase que só quando exercidas na função da maternidade. Como sabemos que o medo é mau conselheiro e que produz apenas humilhação e angústia ou raiva e agressividade, talvez aí esteja a causa mais objetiva das ações masculinas que ainda submetem e oprimem as mulheres e da violência real ou simbólica que as reduz e humilha.

Queremos, através do nosso fazer teológico, contar a nossa história ainda não dita, não reconhecida e muitas vezes malcompreendida. Queremos dizer o que sabemos de Deus, como nos relacionamos com Ele e com tudo que foi criado, com qual olhar lemos as Escrituras Sagradas e a partir de qual lugar nos reconhecemos criaturas desejadas e amadas.

Quando as mulheres decidem fazer teologia

A possibilidade de construir uma teologia sistematizada, acadêmica, é muito recente para as mulheres. Concebida como disciplina a ser estudada pelos homens vocacionados ao presbiterado, só foi realmente possibilitada aos leigos, homens e mulheres, depois do Concílio Vaticano II. Seu reconhecimento como ciência, no Brasil, pelo Ministério da Educação deu-se em 1999, abrindo assim maiores oportunidades para todas as pessoas que desejavam estudar e aprofundar o conhecimento sobre Deus, sua natureza, seus atributos e suas relações com o ser humano e com o universo.

Assim, a teologia feita por mulheres, docentes ou não, de modo mais sistematizado, só aconteceu entre nós a partir da década de 1970 do século passado. Quebrando barreiras e abrindo brechas, as mulheres se arriscaram em um universo pensado por homens e para os homens. Assim, não podemos nos esquecer de que todas nós estudamos e aprendemos a fazer teologia com os homens da Igreja. Nossos professores eram homens, os livros e textos disponíveis foram escritos por homens, os diretores espirituais eram homens, e as homilias e reflexões sobre a Escritura, que ouvíamos em nossas igrejas, também eram feitas por eles. Neiva Furlin tem uma pesquisa a esse respeito. Ouçamos o que ela nos diz:

> A teologia é um campo de saber que, ao longo dos séculos, foi estruturado como o "não lugar para as mulheres". Somente a partir da década de 1970 elas passaram a se inserir nessa área, período esse em que, em geral, as mulheres começaram a ter acesso, em maior número, ao ensino superior e, consequentemente, foram gradativamente assumindo a docência nas universidades, em diferentes áreas do saber acadêmico. Mesmo que reduzidas, em termos estatísticos, no universo do saber teológico católico, sua presença reveste-se de importância sociocultural por revelar que as mulheres estão superando barreiras de gênero e se integrando em uma

> carreira profissional de reduto masculino. Elas passaram a se constituir sujeitos do ensino e da produção teológica, marcando espaço também por meio de uma nova produção acadêmica, elaborada por perspectivas feministas e pela abordagem analítica de gênero (Furlin, 2014, p. 625).

Poderíamos nos perguntar: Como e quando começamos a perceber que poderíamos fazer algo novo, diferente, em um universo que não nos reconhecia como pessoas capazes de pensar por si mesmas, e a partir das próprias experiências, a questão de Deus? Penso que desde sempre já sabíamos disso, embora esse saber tenha ficado submerso em função da naturalização do poder sagrado dado aos homens. O desejo das mulheres de estudar e fazer teologia nasce dessa percepção, nem sempre explícita para elas mesmas. Assim, nós nos arriscamos, criamos coragem e fomos ver o que os homens sabiam sobre Deus e nem sempre nos contaram. Aí, então, descobrimos que o que eles sabiam não era tudo o que se poderia saber, até porque nunca ninguém saberá tudo sobre Deus, Mistério infinito que se revela a nós quando quer. Mircea Eliade tem uma reflexão interessante sobre a revelação do sagrado:

> O homem toma conhecimento do sagrado porque este se manifesta, se mostra como algo absolutamente diferente do profano. A fim de indicarmos o ato da manifestação do sagrado, propusemos o termo hierofania. Este termo é cômodo, pois não implica nenhuma precisão suplementar: exprime apenas o que está implicado no seu conteúdo etimológico, a saber, que algo de sagrado se nos revela. Poder-se-ia dizer que a história das religiões – desde as mais primitivas às mais elaboradas – é constituída por um número considerável de hierofanias, pelas manifestações das realidades sagradas (Eliade, 1992, p. 13).

O cristianismo tem um modo próprio de conceber e crer na revelação do sagrado. O Deus criador de todas as coisas se revela, de modo especial, pela encarnação de seu Filho, Jesus Cristo, nascido de mulher, na plenitude dos tempos, segundo Paulo (Gl 4,4-7).

Um Filho de Deus que nasce de mulher se revela primeiramente a ela, e esse fato tem muito a dizer a todas as outras mulheres, mas nem sempre estas tiveram acesso a esses saberes. Muito do que foi dito e feito por Jesus, contado nas linhas e nas entrelinhas dos textos sagrados e pela tradição da Igreja, ficou na penumbra para elas. Isso porque também houve uma proclamação seletiva em função do que se pretendia com a revelação que se interpretava. Por essa razão, quando as mulheres começam a se interessar por teologia, elas percebem que muitos saberes foram humanamente construídos de modo parcial pelos homens e que não manifestavam tudo o que deveriam. Por isso, quase todas as mulheres que fazem teologia hoje se dedicam ao trabalho de perscrutar as entrelinhas, os não ditos, desconstruindo e reconstruindo o que ainda pode ser conhecido. Um longo trabalho, que está apenas começando, precisa ser feito. Descolonizar o pensamento – marcado por uma linguagem patriarcal poderosa, que possibilitou a naturalização do que não deveria ser naturalizado – é um trabalho de sabedoria e paciência, e de longo alcance.

O que já sabemos é que nenhuma linguagem é inocente. Toda linguagem, pelo seu poder de evocar imagens e de construir o mundo vivido, tem uma capacidade, nem sempre percebida de modo adequado, de moldar mentes e corações, de estruturar a vida.

Também sabemos que o pensamento judaico-cristão sempre se valeu de uma linguagem que produziu importantes escritos, os quais fazem parte da história da humanidade. Esses escritos, elaborados pelos homens, acrescidos dos símbolos e ritos, das leis e dos tabus construíram um universo de significados e valores que persistem até hoje. Podemos trazer como exemplo a linguagem bélica, presente nos textos sagrados mais antigos, que apresenta uma imagem de Deus tão poderosa e determinante para as culturas, que nem a novidade do cristianismo conseguiu revertê-la totalmente[3].

Temos consciência de que, para descolonizar o pensamento e mudar mentalidades arraigadas, é necessário um método de trabalho teológico que faça jus ao projeto do Reino apresentado por Jesus e à história de uma humanidade composta por homens e mulheres, ambos criados à imagem e semelhança de Deus e com uma dignidade que lhes é própria.

Podemos dizer que método é a maneira de se fazer algo. Em relação à teologia, método é o modo como se constroem argumentos, como é feita a investigação para que se obtenha um conhecimento o mais próximo possível daquilo que se estuda. Saber lidar com os limites e as possibilidades da linguagem é fundamental, e o método aponta para a capacidade de usar também o saber da própria experiência para fazer escolhas plausíveis e necessárias na intenção de se obter resultados coerentes a partir dos dados disponíveis.

A teóloga Nancy Cardoso Pereira (2015, p. 123) muito nos ajuda a pensar sobre isso quando diz que "a questão do método é justamente esta: a clareza, a transparência, a inteligência das escolhas que fazemos". Ao compreender assim a questão do método teológico, ela faz perguntas para ela mesma e para nós. Vejamos:

> Que conjunto de metáforas, de imagens eu escolhi? Como eu opero com elas? E como eu administro os limites, as contradições, do conjunto de símbolos, palavras, de representações que eu trago para minha reflexão teológica? Deus é masculino; o povo, feminino: que implicações tem essa linguagem? [...].
>
> Quais as suas escolhas, com o que você trabalha? O que você junta com o quê? E de que maneira o imaginário sobre a mulher e suas representações participam, por pre-

3. A respeito de linguagem sobre Deus, cf. Hunt (2012).

> sença ou por omissão, na teologia que você faz? Quando você usa o imaginário feminino? E quando você não usa? O que é que você usa da vida das mulheres, do corpo, o que é que você não usa? (Pereira, 2015, p. 122-124).

Essas perguntas são fundamentais para um fazer teológico que não quer deixar de fora aquelas que constituem mais da metade da humanidade e que são mães da outra metade. Para Nancy Pereira (2015, p. 122), a teologia lida com o fenômeno da linguagem – e, no fim das contas, a teologia "são as palavras que eu escolho para dizer e para me comunicar". As palavras escolhidas dizem da experiência de cada uma e de cada um como fonte autorizada do fazer teológico.

Assim, quando as mulheres decidem fazer teologia, elas devem explicitar um modo de comunicação que difere do modo masculino por questões aparentemente óbvias, mas relegadas. Homens e mulheres são diferentes na sua biologia, na sua fisiologia e psicologia, mas também foram constituídos de maneira diferente pela cultura quanto ao modo definido de como habitar o mundo, embora devam ser reconhecidos iguais em dignidade. Com isso, o que precisamos lembrar é que, se as experiências femininas corpóreas, emocionais, sociais, espirituais e vivenciais diferem das vividas pelos homens, elas mostram um modo de ser no mundo que comporta um outro tipo de linguagem, que pode ser identificado e que aos poucos tem sido reconhecido.

Assim, a teologia feita pelas mulheres precisa trazer de volta a velha novidade da linguagem narrativa, usada por Jesus e seus discípulos, linguagem essa que leva em conta as histórias de cada pessoa inserida em uma cultura, ligando-a às das personagens bíblicas e às daquelas personagens que fazem parte da história do cristianismo. As mulheres têm uma experiência com a narrativa a partir da escuta de suas mães e avós, que lhes contaram e recontaram histórias individuais e coletivas que traziam valores e sentido para suas vidas.

No nosso tempo apressado e tecnológico, para assumirmos a linguagem narrativa sem nos tornarmos obsoletas nem sermos consideradas incompetentes, temos que remar sabiamente contra a maré, como Jesus, pois a narrativa hoje perde espaço para a informação, que é rápida e passageira. Com isso, segundo Byung-Chul Han (2023, p. 17), perdemos nosso "olhar longo, lento e demorado", aquele que é capaz de contemplar a realidade com seus milagres e mistérios. Segundo ele, a narração "troca olhares" com o mundo e prepara as pessoas para acolher as demoras, com seu poder germinativo. Nós, mulheres, precisamos recuperar esse olhar, para desmasculinizar uma teologia feita de abstrações, de jargões incompreensíveis para a maioria, assim como nos pede Francisco para fazer com a Igreja.

A teologia feita pelos homens, como discurso racional, formal e idealista da religião, traz muitos conceitos e fundamentações que são importantes e se baseiam em teorias explicativas, com seu linguajar que pretende ser claro, transparente e perfeitamente compreensível. Não pretendemos desprezar os conceitos e as teorias, que são necessários à nossa racionalidade, mas a linguagem narrativa se apropria deles e deve ir além, não pretendendo explicar todas as coisas, pois tem consciência de que o mistério de Deus e suas relações com as criaturas não tem a transparência pretendida. A narrativa é aquela que conta e rememora vidas, valores e experiências, à luz da compreensão possível do mistério maior, para trazer sentido e consolação para o viver. Ela leva em conta a realidade experienciada, com todos os seus percalços e surpresas, e a relaciona com o Transcendente, vincula os acontecimentos e supera a passagem vazia do tempo. Por isso, torna-se um discurso sapiencial.

Podemos dizer ainda que a linguagem narrativa é artesanal, fabricada com cuidado e tempo disponível, não pretendendo trazer informações ligeiras que sucedem umas às outras, sem haver tempo possível para a assimilação do necessário. A linguagem artesanal não se afina com aquela bancária, que não dialoga, que despeja conteúdos, que impõe normas e modos de viver. Somos chamadas a fazer uma teologia que encanta, como a arte manual cuidadosamente confeccionada.

Somos chamadas ainda a usar uma linguagem anunciadora, que traga a novidade e o frescor do Evangelho para todas as pessoas, sobretudo para aquelas que mais necessitam. Anunciar o Reino e denunciar profeticamente todas as teorias, métodos e expedientes excludentes que negam o acesso ao projeto de Jesus, com seu mandamento amoroso e libertador, é tarefa de uma teologia feita pelas mulheres – que sabem bem o que significa o preconceito, o racismo, a exclusão, a violência e a invisibilidade.

Precisamos ainda da novidade de uma linguagem teológica afetiva, capaz de primeiramente escutar as pessoas, para depois tocar os corações e as feridas, linguagem capaz de abraçar os que estão sozinhos e desamparados, capaz de cuidar dos que se encontram à margem dos caminhos da vida, diferente daquela linguagem dura e legalista, que aponta dedos para o próximo, julgando sua vida sem nunca ter calçado seus sapatos. Essa linguagem, próxima à de Jesus, reconhece a dor e a vulnerabilidade como lugares teológicos a serem visitados para que aprendamos as virtudes da empatia, da compaixão e da misericórdia.

Não podemos pretender fazer teologia como os homens a fazem e fizeram, mas também não devemos pretender substituí-la. Ela tem seu lugar e nos ensinou muitas coisas. Queremos dialogar com ela para que possamos, do nosso jeito e lugar, dar à luz a novidade que já está em nós e que foi apenas velada, muitas vezes apagada e julgada inferior. É necessário romper com o silêncio que nos impuseram, rasgar as armaduras que nos sufocam e mostrar a beleza da vida que pulsa e clama por um espaço de reflexão e de trabalho teológico possíveis nesse mundo criado por Deus, para que tudo o que existe possa ser considerado e amado como é.

Considerações finais

Estas serão breves. Comecei este texto em primeira pessoa e o termino assim. Iniciei com a fala interessante de um homem, Rubem Alves, e o encerro com a fala muito especial de uma mulher, Nelle Morton[4], citada por outra mulher, Mary Hunt (2012, p. 9):

> [Nelle Morton] afirmou que, no princípio, não era em absoluto o Verbo, mas o grande Ouvido do universo inclinado para escutar e ouvir. No princípio, era o escutar. [...] Nelle Morton compreendeu que, antes de falar, vem a disposição de ouvir. É uma inversão completa da sequência habitual na comunicação, pois o ouvinte, e não o falante, tem o poder de iniciar. A partir de uma perspectiva feminista, Nelle Morton raciocinou que essa é a maneira de Deus ser. Enquanto os teólogos patriarcais sempre tinham começado com a Palavra de Deus, essa pioneira feminista sugeriu que o papel primeiro de Deus é escutar.

A capacidade de escutar a Deus, escutar o mundo das coisas, escutar o outro que nos provoca e conclama é fundamental para que nossa palavra tenha sentido, toque os corações e responda às perguntas que afligem a humanidade.

Essa novidade no fazer teológico pode ser incorporada pelas mulheres que desejam ser protagonistas na teologia, para permitir que o mundo seja mais habitável e a humanidade esteja mais de acordo com o desejado por Deus.

---

4. Nelle Katherine Morton (1905-1987) foi uma teóloga feminista presbiteriana branca que escreveu na década de 1970.

Estas são apenas algumas primeiras intuições que pretendem abrir caminho para a presença real e significativa das mulheres diversas e com histórias peculiares que fazem teologia em uma sociedade e uma Igreja marcadamente masculinas.

Que esse protagonismo seja dialógico, terno, não violento e portador de boas notícias para a vida de todas as pessoas e para a terra que habitamos.

Referências

ELIADE, M. *O sagrado e o profano*. São Paulo: Martins Fontes, 1992.

FREYRE, G. Casa-grande & senzala: introdução à história da sociedade patriarcal no Brasil. *In*: SANTIAGO, S. (coord.). *Intérpretes do Brasil*. 2. ed. Rio de Janeiro: Nova Aguilar, 2002a. p. 105-645.

FREYRE, G. *Ordem e progresso*: processo de desintegração das sociedades patriarcal e semipatriarcal no Brasil sob o regime de trabalho livre – Aspectos de um quase meio século de transição do trabalho escravo para o trabalho livre. Rio de Janeiro: José Olympio, 1959. 2 v.

FREYRE, G. Sobrados e mucambos: decadência do patriarcado rural e desenvolvimento do urbano. *In*: SANTIAGO, S. (coord.). *Intérpretes do Brasil*. 2. ed. Rio de Janeiro: Nova Aguilar, 2002b. p. 647-1.379.

FURLIN, N. Trajetória e pensamento intelectual de professoras da PUC-Rio: representantes de uma geração de teólogas feministas. *Revista Eclesiástica Brasileira*, Petrópolis, ano 74, n. 295, p. 624-652, 2014.

HAN, B.-C. *A crise da narração*. Petrópolis: Vozes, 2023.

HUNT, M. E. Discurso feminista sobre o divino em um mundo pós-moderno. *Cadernos Teologia Pública*, São Leopoldo, ano IX, n. 66, p. 1-25, 2012.

MENCUCCI, V. As mulheres na Igreja: as raízes de uma discriminação. *Instituto Humanitas Unisinos*, São Leopoldo, 12 ago. 2018. Disponível em:

http://www.ihu.unisinos.br/188-noticias/noticias-2018/581733-as-mulheres-e-a-igreja-as-raizes-de-uma-discriminacao-artigo-de-vittorio-mencucci – Acesso em: 17 abr. 2025.

MILLEN, M. I. de C. O mistério da guardiã das sementes: tecendo laços a partir das entranhas. *Fronteiras*, Recife, v. 4, n. 2, p. 439-460, 2021.

NOLASCO, S. *O mito da masculinidade*. 2. ed. Rio de Janeiro: Rocco, 1993.

PEREIRA, N. C. Teologia da mulher. *Encontros Teológicos n. 70*, Florianópolis, ano 30, n. 1, p. 121-157, 2015.

QUINTAS, F. *Sexo à moda patriarcal*: o feminino e o masculino na obra de Gilberto Freyre. São Paulo: Global, 2008.

1

Uma história tecida entre sombras externas e luzes interiores

Ivone Gebara

Uma breve confissão inicial

Tenho a honra salpicada de inquietações de ser a escritora do ***capítulo 1*** *deste livro, que promete abrir caminhos de reflexão e ação a partir das memórias teológicas de mulheres do Brasil e do mundo. Não sou teóloga acadêmica. Tentei ser no passado e fiz incursões nesses controversos ambientes de saber "científico". Entretanto, minha vocação parece ser outra, sobretudo na velhice em que habito e me habita. Sinto-me uma contínua ensaísta, uma observadora da vida, uma indignada com nossa estupidez humana travestida de superioridade animal e espiritual e cheia de hierarquias naturalizadas. Para me fazer entender por vocês, imaginem-me envolvida, sobre todo meu corpo, em um enorme papel colante dupla-face. Nele foram se pregando os sopros e conhecimentos da vida juntos, representados por uma porção de "papeizinhos" escritos sobre encontros marcantes, informações, leituras, reflexões de filósofos e filósofas, teólogos e teólogas, literatos e literatas, anotações de vivências, aulas, conferências, memórias, dores e alegrias... Enfim, conteúdos e encontros em forma de "papeizinhos" e palavras ouvidas e trocadas me penetraram, me nutriram e me levaram a pensar algo do que penso hoje e ser o que sou hoje: um ser plural e singular, cheio de contradições e em contínua mutação. Enfim, uma mulher que tenta compreender algo da vida em mim e ao meu redor.*

A partir dessa figura que me faço e me apresento, sinto-me sempre incomodada com os discursos religiosos, reduzidos muitas vezes a um palavreado bonito, mas sem eficácia real em nossas vidas. Não sei se isso pode ser diferente de como eu gostaria que fosse.

Escrevo esta brevíssima confissão inicial sobretudo para pedir um perdão antecipado por não fazer citações de autoras e autores neste texto. Minha idade e vontade preguiçosa nesse particular já não me permitem cavar na memória e informar com exatidão quem já disse o que estou escrevendo ou quem escreveu sobre esse ou aquele tema afim. Sei que isso ajudaria a muita gente, porém hoje o Google faz em parte esse papel, apesar de seus grandes limites, e as outras autoras deste livro também o farão.

Aceitem esta confissão e pedido de desculpas junto com um texto ou um papelzinho a mais que lhes ofereço, em forma de breve reflexão e alerta sobre as luzes e sombras de algo que obscuramente ainda chamamos de TEOLOGIA *e ao qual acrescentamos o qualificativo* ***feminista***.

Introdução: a ancestralidade de nosso mal-estar

Quando exatamente começou o mal-estar das mulheres em relação ao controle de seus corpos, de sua mente, de sua vida de oração, em relação a sua submissão a modelos impostos de comportamento, seu silêncio nas assembleias públicas, a condenação de suas rebeliões? Quando começou o dualismo hierárquico que sempre nos considerou as segundas dentro de uma humanidade hierarquizada em classes, sexualidades, cores, procedências as mais diversas, sempre hierarquizadas e excludentes? Quando esse dualismo de gênero entrou nas teologias e nas igrejas?

São muitas as respostas segundo as diferentes tradições culturais. Porém, não se trata mais de recuperar imprecisos começos, hipóteses míticas ou históricas, sentimentos passados, pois poderiam no momento nos desviar do foco principal de nossa luta cotidiana por mais dignidade. Os começos são sempre cheios de equívocos e em geral dificilmente detectáveis. Entretanto, simbolicamente, através de traços que permanecem até hoje na tradição cristã – traços que são ainda referência para muitas pessoas, como se nelas encontrassem uma explicação que pudesse culpabilizar uma mulher e inocentar um homem e Deus –, a mulher representou as transgressões e a desobediência do início da vida humana.

Essas reflexões e explicações simplistas leem os mitos bíblicos de forma literal como acontecimentos históricos. Mostram-se como explicações e comportamentos que se estenderam por séculos e seguem ainda vigentes para muitos. Continuam sendo para muitos a "Palavra de Deus" explícita, a ordem e a narrativa que descreve os primórdios da humanidade como se de fato assim tivesse sucedido. Nessa linha, para a tradição cristã literal, tudo parece ter nascido do equivocado profundo sono do solitário Adão, que ao acordar recebe de presente Eva e de alegria exclama: ***"Esta sim é osso de meus ossos e carne de minha carne" (Gn 2,23)***. Porém, no texto, não ouvimos nenhuma exclamação de Eva, nem mesmo uma palavra divina que demonstrasse uma preocupação com o *"presente"* que dera a Adão. Como mulheres, não gozamos da preocupação primeira desse Deus criador primeiro do homem. Ele nos fez para que Adão não ficasse sozinho e que fôssemos companhia para ele. A especial atenção ao varão nessa narrativa do Gênesis, embora haja outra, é clara e sem equívocos.

Esse texto, que hoje talvez faça rir muitas de nós, representou de fato a ordem escrita da criação dos seres humanos. Ordem escrita significa a posse e a fixação por escrito de mitos, lendas, poesias, variados acontecimentos de diferentes culturas que deixaram de ser ágrafas e se expressaram numa escritura elitista. A escrita, embora seja uma grande invenção da humanidade, não deixa de produzir contradições na medida em que precisa ser explicada, situada, datada. Já a frágil oralidade exige explicações imediatas e portanto acolhe uma mobilidade maior de sentidos e novas interpretações, apesar de seus limites. Por essa razão, os poderosos daquela terra gostavam dos editos reais, dos mandamentos escritos, da explicação argumentativa por escrito das chamadas verdades que proclamavam. Com isso se fundaram os dogmas, os sistemas fixos de pensamento, a alfabetização ideológica, a justificação de muitas formas de violência. E, para coroar seu poder e saber, eles impediram as mulheres e os pobres de estudar, escrever e ler livros – enfim, de ter acesso aos benefícios da cultura escrita.

Apesar das muitas benesses da invenção da escrita, não podemos esquecer seus aspectos manipuladores, que em geral serviram aos mais bem situados na hierarquia social. Nessa perspectiva, o fato de a crença mítica da criação do homem e da mulher ter se tornado uma verdade escrita em nossa constituição cultural monoteísta e cristã conduziu-nos a situações de dominação extrema e presente de maneira especial nas instituições religiosas. Naturalizamos o texto mítico, o identificamos como vontade divina e o acolhemos como regra de comportamento social segundo a vontade do criador.

Nessa linha, marcada hoje pelo humor feminino, temos que lembrar a cena de Gênesis 3 em que a astuta serpente que vivia no jardim dialoga com Eva sobre a proibição, feita por Yahweh, de comerem do fruto da árvore que estava no meio do Jardim do Éden. E então a serpente diz a Eva: ***"Vós sabeis que no dia em que comerdes o fruto vossos olhos se abrirão e vós sereis como deusas versadas no bem e no mal" (Gn 3,4-5)***.

Que maravilha de conhecimento chegaria até Eva e suas descendentes! O fato é que, embora tivéssemos sido oprimidas, nós mulheres sempre dialogamos com a serpente que nos habita e comemos do fruto proibido. E por isso nossos olhos se abriram e fomos, ao longo da história, servas e infratoras sempre castigadas por nossa transgressão e liberdade. Nós nos tornamos o segundo sexo, as tentadoras, as bruxas, as portas do pecado, expressões que se traduzidas na linguagem de hoje significariam as múltiplas palavras e condenações dirigidas ao movimento feminista nacional e internacional e, de forma especial, dirigidas às mulheres que cultivam os jardins da teologia no Brasil.

A afirmação libertária que hoje fazemos na teologia não pode ser generalizada. Ela sempre foi uma reação pública de minorias, visto que a maioria obediente permitiu que as hierarquias masculinas dominassem o cenário social e religioso e mantivessem um ferrenho dualismo, dividindo o mundo entre o mundo dos homens, cheio de histórias heroicas, conquistas e ciência, e o mundo das mulheres, cheio de desconhecidas vivências limitadas ao mundo doméstico. É nessa linha de luzes e sombras reais e aparentes que gostaria de desenvolver a presente reflexão.

1 A serpente da dúvida que nos habita

Por que chamar alguém de "serpente" parece ofensivo? Por que tememos esse réptil, que pode ser venenoso ou não? Por que simbolicamente dizer que o comportamento de Eva ao ter se deixado levar pela serpente era uma fraqueza e atribuí-lo a todas as mulheres? Entre os muitos significados da serpente, um parece estar presente entre nós, e podemos até nos alegrar com isso. É que a serpente indica ao mesmo tempo sabedoria e dúvida. Dúvida como sinal de alerta e de cautela frente à vida. Sabedoria porque parece convidar Eva a discernir e consentir na realização de algo bom que parecia tomar suas entranhas. Eva toma o fruto, come-o e o dá a Adão, como para marcar o realismo da condição humana. A condição humana é a de lutar por seu pão através do árduo trabalho. É partilhar o alimento, é gerar filhos na dor e muitas vezes no desamparo. Aqui se delineia de forma realista a condição humana, embora seja tomada como queda e consequente castigo por parte de Deus. Por que a condição humana se torna castigo no mito adâmico? Qual foi e qual é nossa real desobediência à vida que nos é dada? O mito não responde de maneira clara, mas sua função é nos convidar a buscar a resposta sempre de novo.

A sinuosidade dos caminhos das serpentes indica que a vida é isso mesmo. Não se caminha em linha reta, e os pequenos obstáculos em cada novo passo indicam que há que se mudar o ritmo e a direção da caminhada quando é necessário. Essa astúcia vital está bem presente na vida das mulheres. A vida nos dotou de muitas possibilidades inventivas, muitas vezes pequenas, porém vitais para nós. Entretanto, sabemos bem o quanto – especialmente no Novo Testamento e no cristianismo – a serpente foi diabolizada e identificada com o mal.

A serpente é uma antiga divindade, símbolo da sabedoria no Oriente Médio e na Grécia, sendo também um símbolo telúrico que nos remete às forças vitais presentes na terra. Nesse significado amplo, talvez possamos até afirmar que a negação das qualidades da serpente tem a ver não apenas com as mulheres, mas também com as divindades telúricas de muitos povos, com vistas à afirmação de um cristianismo no qual as divindades masculinas hierarquizadas predominavam. A afirmação histórica do cristianismo conectado ao Império Romano significou a negação de outras crenças, sobretudo das que remetiam à terra e às mulheres. Essas afirmações valem também para os processos de colonização vividos no Brasil, a partir dos quais se eliminaram as divindades indígenas e africanas que aqui se expandiram, ainda que tivessem valorizado a figura de Maria, Nossa Senhora, virgem e sem pecado. A ela atribuíram a obediência e a submissão como os valores mais importantes de sua vida. Tornou-se, assim, modelo para todas nós, embora soubéssemos que ela nos ultrapassava, pois era totalmente de Deus e mãe do Deus feito homem. Que estranho desafio nos foi lançado pelos homens!

O fato é que deixamos a astúcia da serpente atuar em nós, sobretudo nos últimos tempos. Não tivemos medo das dúvidas que nos incutia e resgatamos sua importância. Esta tem crescido no coração e na mente de muitas mulheres cristãs e em especial nas da América Latina, levando-nos à criação de novas maneiras de viver e pensar a tradição cristã, em diálogo com outras tradições. Em todos os países da América Latina, incluindo o México e o Caribe, assistimos ao fenômeno da dúvida e da reorganização de nossas crenças religiosas através de muitos movimentos de mulheres que, a partir do mal-estar em que viviam nas suas instituições religiosas, abriram-se a novos horizontes de diálogo e comunhão sororal. Nós nos reunimos, discutimos, aprendemos umas com as outras e com muitas companheiras de outros continentes, que, por meio de seu mal-estar similar ao nosso e de suas produções teológicas alternativas, ajudaram-nos a ser parte do que hoje chamamos de teologia feminista e teologia ecofeminista. Publicamos milhares de artigos, escrevemos milhares de livros, demos cursos e palestras sobre nossas dúvidas e nossas posturas críticas em relação às teologias patriarcais estabelecidas. O número de iniciativas que tivemos para integrar-nos ao movimento feminista mais amplo e às muitas reivindicações nos valeu críticas as mais diversas provindas das instituições religiosas. Fomos castigadas, expulsas da academia, rejeitadas em nosso saber, desconsideradas como pensadoras com métodos e abordagens diferentes, porém seguimos em frente através de caminhos plurais, muitas vezes fora de nossas instituições de origem. Seguimos confiantes na dignidade que nos habita, embora saibamos o quanto muitas vezes também a esquecemos ao longo do caminho. Os hábitos de nossa velha submissão muitas vezes nos traíram, e nós nos deixamos levar por essa velha submissão na qual fomos educadas. Caímos e nos levantamos de novo, ajudadas pelas mãos de uma e de outra.

Apesar das muitas dificuldades, fizemos teologia e hermenêutica feminista da Bíblia. Assumimos interpretações não excludentes e, na medida do possível, não hierárquicas.

A dimensão da sabedoria que nos cria e envolve a todos os seres à sua maneira plural nos fez sair do androcentrismo das leituras bíblicas e das interpretações teológicas. Sabemos bem que uma hermenêutica bíblica patriarcal expressa inevitavelmente uma ordem social patriarcal e tende a construir modelos a serem imitados sem levar em conta a diversidade que somos. Ninguém pode de fato ser igual a ninguém, nem imitar outras pessoas e ao mesmo tempo ser fiel a si mesma e a si mesmo. É nessa linha que cada ser humano pode ser simbolicamente seu Deus e abrir-se ao Deus em outras e outros. Ou seja, cada ser humano tem sua originalidade própria e seu desabrochar próprio num universo que sempre nos ultrapassa, como a astuta serpente alertou Eva.

2 A revolta dos machos

Quero dar uma nota de humor à minha reflexão para evitar a sisudez que caracteriza os textos científicos masculinos, incluindo os teológicos, sempre cheios de citações para eles mostrarem sua sabedoria e declararem seus textos acadêmicos fundados na "Palavra de Deus" e de outros dos seus ancestrais. Todavia, com respeito e humor temos que afirmar que seus textos cheios de conhecimentos são também limitados à compreensão de uma elite que compete por poderes e saberes. Textos que fundam hierarquias de saber quando se referem aos sentidos da vida, provocam disputas e divisões no seio das várias comunidades, sobretudo quando se recusam a admitir que mulheres e oprimidos possam aceder ao conhecimento teológico. Falam uma linguagem hermética inacessível a quem fala a língua do cotidiano. Muitas vezes eles não se esforçam para explicar, a partir de acontecimentos ou comportamentos da vida ordinária da maioria das pessoas, os conteúdos que produzem.

Frente à presença das mulheres, as diferentes, os machos se revoltam e proíbem nossa presença nos lugares sagrados do conhecimento teológico. Não nos querem como representação divina, não aceitam nossas reflexões quando elas fogem do doutrinário que eles tanto prezam. Não querem a convivência de Adão com Eva e preferem que apenas Eva seja expulsa do paraíso teológico.

Nós, teólogas, queremos sobretudo chamar a atenção ao que se vive, às marcas de nossos corpos, ao que sucede neles e através deles na sociedade. Reivindicamos dessa forma o saber ancorado em nossos corpos, a importância de nossas dúvidas e o pluralismo que nos constitui e que não pode ser reduzido a uma única maneira de ser e pensar a vida. Abrimos caminho para denunciar os limites de suas teorias, de seu Deus, e mostramos que as palavras que lhe atribuem são construções hierárquicas com finalidade político cultural definida. Por isso, estamos tratando de levar adiante um processo de purificação de nossos sentidos, pensamentos e interpretações frente ao Mistério Maior que nos tece, nos envolve e nos faz silenciar.

Nossas interpretações bíblicas e teológicas revestem-se de nossa temporalidade contextual. Não temos a pretensão de produzir a interpretação mais correta e científica das Escrituras bíblicas, nem estabelecer novos dogmas interpretativos como vontade divina. Afirmamos que as leituras tradicionais da Bíblia feitas pelos doutos senhores foram literais, porém literais desde uma chave de poder masculino. Essa chave não é atenta aos detalhes do texto, às cenas, aos comportamentos minuciosos das personagens, às sutilezas presentes em suas ações e às marcas de outras tradições que dizem muitas vezes o contrário do que a corrente patriarcal dona do saber interpretativo quis nos fazer acreditar.

Frente à ascensão das mulheres e à força contínua de suas vozes, eles se revoltam. Ou tentam nos calar, ou de maneira falaciosa dizem que temos razão e se apropriam de nossos discursos como se fossem deles, a fim de apaziguar sua própria revolta e o risco de perderem o privilegiado lugar nas hierarquias do saber religioso. Não é raro que um hierarca pensador ou leigo nos confunda com uma aparente aceitação de nosso discurso para aparecer como o defensor das pobres e oprimidas. Sem dúvida estou sendo dura em julgamento, embora admita exceções raras nesse particular. Ao mesmo tempo que dizem apoiar as mulheres, afirmam indiretamente seu poder sobre elas para que eles sejam citados como seus apoiadores e se promovam como seus libertários. Talvez melhor seria calarem-se e buscarem retomar suas próprias produções literárias e suas ações sociais com vistas a uma humanidade mais respeitosa de seu pluralismo existencial.

Muitos homens vivem a revolta no interior de si porque se dão conta de que seu poder está sendo questionado. Então, cedem superficialmente às evidências da vida em sociedade, porém não a partir de convicções profundas. Agem como alguém que permite apenas um empate num jogo de futebol. Com isso não estamos pedindo que os homens sejam feministas, mas que analisem com mais rigor suas ações e suas teorias em relação às formas de exploração que mantêm a religião patriarcal ainda dominante. E mais, que admitam repensar suas bases teóricas e sua prática à luz dos clamores femininos, da destruição da natureza e do aniquilamento de muitos povos com suas próprias tradições.

3 A obediência dos homens a si mesmos

Parece que os homens da religião obedecem em primeiro lugar a eles mesmos. Obedecer a eles mesmos significa obedecer à imagem que têm de Deus, à imagem poderosa e ainda dualista que os habita, que os identifica e que fundamenta seu lugar social de poder. Obedecer a eles mesmos significa também obedecer à imagem de superioridade mítica originária em que foram educados no cristianismo. Creem-se a origem e a cabeça da humanidade. Creem-se salvadores da espécie humana. Por isso, apropriam-se de velhas doutrinas, modificam-nas, declaram-nas dogmas, vontade divina segundo uma natureza pré-fixada por seu Deus, a cada vez que as mulheres publicamente se manifestam para expor outras compreensões e manifestar seus direitos interpretativos e vivenciais na tradição religiosa que abraçam. Suas leis aparecem como fronteiras intransponíveis, muros de segurança que impedem a eclosão da novidade da vida. E cada vez que se sentem acuados em suas argumentações nos respondem: *"Sinto muito, mas esta é a vontade de Deus"*, ou *"Isto está no Direito Canônico"*, ou *"Isto está na Bíblia"*. Seu pensamento é enclausurado em predeterminações, e, inebriados pelo poder social, político e religioso que essa situação lhes confere, não conseguem sair dela, pois não querem renunciar a esse poder.

Essa hipótese ou tese interpretativa aqui retomada nos serve para analisar as atuais conjunturas em que vivemos e a negação de um verdadeiro diálogo dos homens com as mulheres, assim como para fazer um estudo crítico dos limites de suas teorias teológicas impostas.

A obediência masculina a si mesmos ou o obedecer a si como gênero masculino, quando se trata de uma realidade complexa como a realidade relacional entre seres humanos, revela a crença numa igualdade e justiça meramente formal entre as pessoas, ou seja, ela não é uma igualdade de fato e de direito, mas uma formalidade, uma ideologia inconsistente.

Uma igualdade e justiça formal é aquela em que afirmamos publicamente que "somos todos iguais". Iguais a quem? Iguais em direitos? Iguais na justiça? Essa parece ser a maior das mentiras ou dos equívocos, que eles mantêm quase sempre disfarçados por uma série imensa de falsos argumentos. Segue-se a inevitável e viciosa conclusão de que, como não somos iguais na história humana, somos iguais para Deus! Porém, como seu Deus nos faz experimentar a igualdade na história? Como seu Deus manifesta a justiça a nosso favor? Talvez, apenas nos convidando a sofrer nesse planeta, a acolher nossa condição segunda para gozar da liberdade no céu depois de nossa morte? O céu imaginado para nós nos cumularia de benesses imaginárias e até certo ponto perversas.

Nos discursos religiosos masculinos, a instrumentalização ideológica de Deus, embora não consciente, impede-os de olhar a realidade histórica, a vida dura como ela é e buscar caminhos reais de solidariedade e sanação recíproca. A inconsciente hipocrisia ideológica religiosa que os habita e nos habita como privilegiadas anexadas a eles é evidente. Por isso, os processos de superação da alienação a partir de uma observação direta de nossas vidas e do reconhecimento de nossos limites é um caminho proposto pela pedagogia feminista. Acordar-nos criticamente, acordar as forças da vida em nós mais intensamente do que as teorias feitas e recebidas como herança patriarcal é o desafio que nos é feito.

O clero, salvo raras exceções, nos vê como instrumentos de seu ofício de dirigir-nos, de realizar sua vocação de pastores de ovelhas segundo um modelo preestabelecido para converter-nos a seu modelo de obediência, que no fundo é o modelo que obedece à hipocrisia da sociedade capitalista vigente. É esse modelo que eles fortalecem, e a ele são obedientes nos limites de suas vidas. Sem dúvida, tudo isso que escrevo talvez abruptamente deve levar em conta as nuanças das diferenças pessoais e das situações que nos constituem.

As sombras que nos envolvem tornam-se às vezes menos espessas e permitem, em algumas ocasiões, aos raios de luz aparecerem e nos convidarem a simplesmente observar de novo a vida, ouvir os lamentos, chorar as dores cotidianas, sorrir e rir com quem misteriosamente as vive de forma mais intensa. Permitem também que as luzes nos deixem ver as pequenas belezas da vida, muitas vezes escondidas ou rejeitadas quando esperamos apenas ver grandezas.

4 A banalidade ou banalização das certezas

O que são certezas? Ou melhor, o que são as certezas teológicas, as certezas chamadas da fé? São perguntas difíceis de responder, e por isso estamos sendo convidadas a repensar as coisas que afirmamos serem *"da fé"*. Temos que desenvolver uma suficiente reflexão sobre ela e seus conteúdos. Nessa linha é preciso dizer que as religiões, e mais especificamente as teologias, não nos ensinam a pensar. Fornecem conceitos prontos e identificam a fé a uma adesão a coisas e narrativas consideradas "verdades" a serem acreditadas. Porém, não nos abrem para uma reflexão prévia ou para superar um comportamento obscurantista afirmado como mistério divino. Os catequistas exigem submissão, e facilmente os conteúdos se tornam um pensamento obediente a uma ordem dada, uma aceitação cega de afirmações nascidas *ex cathedra*. Isto significa que elas advêm de quem tem a *"cadeira"*, os instrumentos, o conhecimento para ensinar. Em outros termos, o ensinamento provém a cátedra do conhecimento das alturas, dos poderes que se originaram sobretudo em tempos passados, tempos que não são mais os nossos. Todos os ensinamentos ministrados sobre Deus, o Cristo, os mandamentos, a Bíblia, a vida na terra e a vida eterna são afirmados como posturas de fé, de forma que quando dizemos que perdemos a fé devemos pensar que perdemos o que o mundo religioso patriarcal nos ensinou. De forma crítica, podemos dizer que estamos avançando em humanidade, em senso crítico, em amor às luzes que nos habitam.

Um novo imaginário teológico proposto pelas mulheres aparece muitas vezes como uma traição à nossa tradição teológica. E esse sentimento se reveste ainda mais de complexidade porque estamos vivendo uma situação de fracionamento e mesmo negação de diferentes velhas certezas. Muitas vezes elas se encontram tão minuciosamente recortadas e diferenciadas pelos teólogos, que não conseguimos mais entender as razões históricas de seu surgimento. Então muitas e muitos de nós vivemos algo como a banalização das velhas certezas. Repetimos o credo sem entender o que significa essa crença, sem buscar seus fundamentos e seu significado para hoje e para nossas vidas. Não se trata apenas de transformar ou atualizar conteúdos do passado. Trata-se rever o pensamento antropológico, o fundamento que sustenta o edifício teológico. Na realidade, o mundo patriarcal nos fez ignorar a necessidade de mudança do fundamento, do sustentáculo das afirmações teológicas. Simplesmente ele tem algumas vezes acolhido o pluralismo sem fim deste século XXI, porém sem a mudança dos fundamentos que sustentam nossas teologias.

O que estou querendo dizer com esse palavreado complicado? Estou dizendo que muitos homens que têm poder na Igreja não hesitam mais em usar linguagem inclusiva e falar *"Queridas irmãs e queridos irmãos"*, *"A todos, todas e todes"*, *"A brasileiros e brasileiras"*, mas apenas incluem categorias de pessoas enquanto conservam os mesmos fundamentos hierárquicos de nossas teologias. Tal comportamento é sem dúvida um modo de maquiar uma conversão inclusiva, é enganar as mulheres e o povo, acreditando que podemos esticar infinitamente a tenda patriarcal e conservar os mesmos fundamentos e a mesma cobertura.

Todas essas divisões e subdivisões de gênero, raça, sexo, ecologias, ciências e inteligência artificial parecem não atingir o âmago da desigualdade material e da desigualdade teológica que sustentam nossa tradição teológica cristã. Parecem negar a necessidade de explicitar a tradição de Jesus e dos seus discípulos a partir de categorias e conceitos que se adequam à compreensão de nosso tempo.

Por isso, apenas o reconhecimento da diversidade cultural e a modificação periférica de nossa linguagem não nos brinda com uma mudança qualitativa de relações. Mais uma vez, não basta apenas o reconhecimento das diferenças e o uso de uma linguagem aparentemente inclusiva pelas igrejas. É preciso repensar as relações de poder, acolher novos sentidos e novas interpretações para novos tempos. Trata-se igualmente de pensar de maneira crítica o quanto os conteúdos teológicos vigentes colaboram para a manutenção da injustiça social, e com isso da injustiça de gênero, de raça e de classe, e para a destruição dos ecossistemas.

A interconexão entre as diferentes instâncias de nossa vida precisa ser retomada para que não nos percamos em ilusões baratas. A interconexão entre a injustiça material e a injustiça simbólica, bem como a representatividade da diversidade, deveria ser uma das pautas a serem retomadas contra a banalização das diferenças. Redistribuição e reconhecimento – temas que a socióloga Nancy Fraser trabalhou incansavelmente pelo menos uma década atrás – precisam ser retomados para que não caiamos na ilusão das belas palavras, como dizia Simone de Beauvoir.

O ocultamento das mulheres na representação da divindade fundacional não pode ser substituído apenas por uma linguagem inclusiva formal capaz de nos iludir e nos fazer acreditar que a vitória está quase ganha. Sem querer, repetimos o mesmo círculo vicioso da manutenção dos mesmos conteúdos, apenas com ilustrações e inclusões mínimas diferentes. Tudo isso nos convida a retomar a urgência de uma reflexão crítica que atinja a superfície e o fundamento de nossas organizações religiosas e de sua construção de sentido para os tempos atuais. Entretanto, sabemos bem das dificuldades e do crescimento de ideologias religiosas fundamentalistas aliadas das políticas conservadoras dos bens materiais e simbólicos para as minorias eleitas. Nessa linha, a desqualificação das teologias feministas críticas pela oficialidade da Igreja e a exclusão das mulheres em cargos de poder revela o quanto a diferença de gênero é estruturante no pensamento teológico que se estabeleceu a partir do século IV e que continua ainda sendo afirmado como mandato divino.

5 Tempos diferentes e diferentes atoras

Na fidelidade às muitas personagens ativas da história da teologia feminista na América Latina e em especial no Brasil, não podemos deixar de assinalar que vivemos situações históricas e contextos diferentes que marcam momentos plurais de nosso compromisso com as irmãs e irmãos em humanidade. Entretanto, apesar das inúmeras diferenças entre nós, há uma convergência qualitativa que precisa ser assinalada. Trata-se da grande produção teológica, bíblica e pastoral que caracterizou esses 50 anos, e mais: uma produção marcada pela criatividade teológica feminista. Esta ocupa uma vasta gama de publicações de livros e artigos nos diferentes países. Nossas publicações, entretanto, não entraram nos cânones teológicos de nossas igrejas e nem sempre foram aceitas pelas editoras confessionais. Da mesma forma, as referências oficiais para o aprendizado teológico e as publicações ainda são eminentemente masculinas, de forma que uma mulher citada dentro da bibliografia universitária clerical ainda é uma raridade.

No início dos anos de 1970, quando nos sentíamos desafiadas pela opressão machista das igrejas, vivíamos algo diferente dos tempos atuais. Embora muitas vezes ainda façamos afirmações semelhantes, os contextos são outros, as personagens são outras, os líderes das igrejas são outros, as políticas mundiais são diversas. Sem dúvida, vestígios do passado, valores e algumas ideias permanecem. Entretanto, a problemática feminista se complexifica com o pluralismo dos contextos, das orientações sexuais, das identidades de gênero, das identidades raciais, das pertenças institucionais em meio às instabilidades políticas e eclesiais em que vivemos. Os machismos religiosos, apesar de continuamente criticados, retomam força de diferentes maneiras. Aparecem com frequência reforçando posturas políticas conservadoras e, outras vezes, posturas mais democráticas. Igualmente, às vezes alguns teólogos de diferentes igrejas aparecem como amigos das mulheres, como apoiadores de nossas causas, e sem percebermos entramos na conhecida sedução que nos faz acolher sua conversão à nossa causa de forma pouco crítica. Basta ver como elogiamos um ou outro que se afirma publicamente de nosso lado, como concordamos em nos fotografar com eles, como os defendemos como se fossem exceções à regra patriarcal. E eles ganham de novo os holofotes da história, que os reconhece como arautos masculinos das lutas femininas. São eles que ocupam os espaços públicos e o coração de muitas mulheres que transitam nos meios religiosos. São eles que lucram pondo-se do nosso lado, enquanto nós sem percebermos seguimos sendo os holofotes para sua mostração e para a continuidade de sua grandeza pública.

Quantas vezes pensamos que o fogo maior do mundo patriarcal está se apagando, porém na realidade ele continua aceso e forte de diferentes maneiras. E isso porque o veneno do dualismo hierárquico, a força da exclusão, a crença na força superior dos homens e na sua acolhida primordial da *"revelação divina"* nos habitam. Fazemos nossa luta de olhos voltados para eles, para o reconhecimento masculino que nos darão, para os elogios que nos farão, para a abertura de espaços que nos ofertarão em seus ministérios. Nossos argumentos para pensar de maneira diferente se enfraquecem na busca de aliados, que muitas vezes apenas se aproveitam de nós para se promoverem e aparecerem de novo na cena pública como nossos heróis. O veneno do dualismo hierárquico patriarcal nos habita, corre em nossas veias, e não conseguimos ainda o expulsar de nossos corpos para que outras formas de viver a nossa fé se manifestem com mais integridade, liberdade e verdade.

Nosso discurso quer ser inclusivo numa sociedade religiosa que nos exclui. Queremos respeitar a diversidade, porém a poderosa dualidade que se expressa através de uma imagem masculina e poderosa de Deus nos relega sempre a um plano inferior. Essa fraqueza nos acompanha, pois os poderes masculinos nos seduzem e imaginamos apenas que a igualdade de relações seria poder aceder também aos mesmos lugares que eles ocupam. É de certa forma o sonho dos oprimidos, que imaginam poder ocupar os lugares de quem os oprime, acreditando que fariam melhor até do que eles.

Apesar dos grandes avanços que conseguimos, somos ainda novas atoras na produção teológica contemporânea e ainda pouco convencidas da necessidade de mudanças mais radicais nas diferentes fontes e frentes hermenêuticas e atividades orientadas por nossa fé. As mudanças radicais, a meu ver, têm relação com a própria metodologia do fazer teológico. Temos que trazer outras linguagens, outras experiências para aquilo que chamamos teologia, e talvez até cheguemos a concluir que há uma necessidade de mudar esse nome. Ela deixaria em certo sentido de ser teologia para ser *vidalogia*, uma sabedoria de vida, um saber sobre a vida, uma observação e um conhecimento sobre o que vivemos. Em geral, adaptamos os mesmos conceitos teológicos patriarcais ao mundo das mulheres ou ao feminismo no qual nos situamos. Porém, não ousamos trazer a vida, suas múltiplas circunstâncias, suas dores e suas inúmeras perguntas como matéria-prima da teologia – ou melhor, da *vidalogia*.

Creio que estamos apenas dando alguns passos na compreensão de nosso mundo para além das múltiplas polarizações que se confrontam social e religiosamente, nas quais também nos situamos e tomamos partido. Muitas vezes nos sentimos perdidas e isoladas, dominadas pela multiplicidade de questões que enfrentamos. Queremos responder a elas talvez carregando um filho num braço, a vassoura no outro e lendo um texto no computador. Misturamos a riqueza do mundo público da religião com a riqueza do doméstico e, exaustas, verificamos nossa dupla e tripla jornada de trabalho.

Essa situação por vezes é insustentável, e muitas de nós nos vemos obrigadas a abandonar os espaços e as exigências da academia e ficar nos espaços domésticos.

De onde nos virão novas inspirações para um fazer teológico que recupere nossa integridade e valorize aquilo que por séculos vivemos? Esse parece ser um desafio que ainda não enfrentamos como deveríamos.

Estamos ainda girando em torno do mesmo mundo de conceitos que aprendemos, e queremos nos introduzir neles, vesti-los em nossos corpos sem nos darmos conta de nossa geografia física, de nossas emoções construídas ao longo de séculos. Ainda usamos os conceitos teológicos patriarcais como natureza pré-fixada e não saímos deles, não ousamos outra linguagem, outras experiências que provavelmente constituirão nossas novas epistemologias e uma nova reativação da originalidade dos evangelhos.

Falar de epistemologia é falar das referências de nosso conhecimento, é apreender desde nossa experiência aquilo que nos parece vital e significativo para que possamos conhecer o mundo na sua diversidade e a partir dele expressarmos as forças que movem nossa ação em vista da valorização da vida e, nela, da dignidade humana de todas nós. Estamos sendo convidadas a nos conectar com o mundo de nosso saber ancestral e visceral e resgatar deles e com eles nosso aprendizado da vida cotidiana – saber ancestral porque expresso nas coisas aprendidas que se tornaram nosso corpo, ao mesmo tempo bom e ruim, para si e para os outros; e saber visceral porque perguntamos às nossas vísceras o que sentem, que dores vivem, que necessidades têm, que possibilidades são viáveis, perguntas que vão corresponder a nossas respostas éticas e teológicas, dependendo das mesmas perguntas. Não se trata primeiro de responder conforme os catecismos teológicos ou as prescrições sociais das classes eleitas como as melhores ou mais capazes, mas sim de sermos capazes de ouvir-nos, sentir-nos, expressar-nos para além das generalidades que costumamos usar – sair do *"Quero ser feliz"*, *"Quero ser amiga de todas as pessoas"*, *"Quero fazer a vontade de Deus"*, *"Quero seguir a Jesus Cristo"*, *"Quero ser uma boa mãe"*. Essas generalidades se tornam linguagens feitas, pré-fabricadas, que na realidade não sabemos mais traduzir a partir de nossas vivências reais. O que aparece frente a nós como enorme desafio é a falta de hábito de pensar fora das palavras ou frases gerais, fora dos conceitos "científicos" preestabelecidos. Não sabemos mais usar a renovada tentativa de expressar em palavras, mesmo que limitadas, as sensações, as emoções que se apresentam em nossos corpos. Há como que um deslocamento de nossos sentimentos profundos apenas para zonas acessíveis à nossa linguagem corrente banalizada. Caímos nas generalidades, nas idealizações e nas armadilhas dos belos discursos. Dominadas e subordinadas, enquadramos nossos pensamentos e as reais descobertas de nossa situação à linguagem superficial que nos foi imposta e deverá corresponder aos modelos de mulher preestabelecidos.

Numa reunião com um pequeno grupo de mulheres pobres perguntei o que elas esperavam da vida, e de forma unânime elas responderam: *Ser feliz*. Então perguntei o que era *"ser feliz"*. As respostas se seguiram: ter casa, comida boa, saúde, um marido trabalhador e escola para os filhos, não ser violentada, não ser desprezada, poder comprar roupas novas...

Numa outra reunião, para mulheres profissionais, perguntei da mesma forma o que elas esperavam da vida. E as respostas chegaram acentuando a segurança em casa e no trabalho, a realização de sonhos de conhecer outros países, de ter títulos acadêmicos, de haver hospitais mais especializados que cuidem de sua saúde, de ter companheiros românticos, de ter casa e carro próprios...

Com isso, concluí que a felicidade se constitui em parte a partir de oposições e de temores de cada classe social. Nessa linha, a vivência dos conteúdos religiosos, as hermenêuticas cristãs, acabam seguindo os anseios de diferentes grupos. Talvez uma saída seja reencontrar a importância dos diferentes em nossas vidas, permitir que nos demos as mãos, que busquemos aquilo que é vital para todas nós. A partir daí seremos capazes de criar cumplicidades, ajudas mútuas, aprendizados mútuos... Talvez seja isso algo do amor recíproco entre diferentes e em diferentes situações.

6 A revolta metafísica das mulheres ou uma teologia nascida na cozinha e em outros lugares

Metafísica, para além da física, da corporeidade, dos limites inerentes à vida. Física, vida nos corpos, levar a sério o que vivem, os limites de suas percepções e perspectivas, de seus olhares, de seus conhecimentos, de seus amores. Física, consideração da parcialidade da vida, das políticas, das poéticas, das rezas cotidianas, de sua interconexão vital.

Desde uma cozinha pode-se observar que a comida se faz com a ***mistura*** de ingredientes, e cada ingrediente é necessário e precisa de um tratamento específico para compor a comida, que ainda habita em primeiro lugar a nossa mente como resposta à fome que se faz sentir. Assim, o que habita nosso corpo para preparar a comida é a fome – a fome como emoção, como motor sem o qual a cozinha não se faria, a fome como vazio sentido a ser vitalmente preenchido.

Nossa fome primeira é a do alimento materno, da água, de aconchego. A primeira carência vital é a fome. Tudo gira em torno dos alimentos que nos permitem estar vivas. Mas não se trata apenas da fome de pão, embora essa seja a condição primeira. Nem só de pão vive a mulher... Nossa fome se abre e se expande para outros campos e outras iguarias necessárias à nossa sobrevivência: fome de sentido, fome de amor, fome de compreensão, fome de justiça...

Se nos ativermos em primeiro lugar à necessidade de alimentação de nosso corpo, na fome física de nutrientes que nos permitem permanecer vivas, havemos de nos concentrar na preparação dos alimentos. E esta é diversa conforme as culturas e tradições familiares. Em seguida, em frente ao fogão havemos que provar e acrescentar os elementos que faltam à comida que preparamos. Talvez aumentar a intensidade do fogo ou diminuí-la, conforme o estado de preparo do alimento. Talvez acrescentar um pouco mais de água ou uma pitada de sal ou de pimenta-do-reino, ou ainda uma colher de azeite. A comida habita primeiro nossos corpos e depois se torna efetivamente comida preparada, pronta para ser servida. Mas a comida habita também nosso pensamento, porque antes de a provarmos nós a imaginamos como uma composição de sabores que agradam nosso paladar e aliviam nossa fome constitutiva. Que sabores têm as teologias que nos oferecem? E com quais ingredientes queremos preparar a nossa?

Desde o tanque, lavando roupa, temos que selecionar as peças que desbotam e podem tingir involuntariamente as roupas brancas ou de coloridos claros. Havemos também que colocá-las na água e no sabão e esperar que as manchas larguem o tecido. Havemos que esfregar as manchas pequenas e grandes com diferente energia e dar-lhes tempo para que se diluam. Depois podemos colocar tudo junto e em seguida enxaguar, deixar secar ao sol, passar com ferro quente para que estejam prontas para o uso. O que o ato de lavar roupas nos ensina? Nos ensina que não se pode viver sem água nem conviver sem sabão. Que um e outro são agentes de higiene para a manutenção de nossos corpos. Que havemos que ter paciência para tirar as manchas e saber que algumas permanecerão. Aprendemos que esse ato é renovável diariamente, pois a sujidade nos atinge com frequência, ou melhor, habita conosco. E ela provém de muitos lugares, inclusive de nosso próprio corpo. Nosso corpo se suja e produz sujidades físicas e morais, isto é, sujidades que atentam contra a vida alheia, que impedem outros de viver com dignidade. Basta olhar para a vida social e a crescente "produção" de miseráveis em nosso mundo, fruto das incontroláveis sujidades e ganâncias que nos habitam e que produzimos sem cessar. Poderia ser de outra maneira? Que sujidades frequentes queremos retirar de nossas teologias patriarcais? Que detergentes, que tira-manchas havemos que usar para que elas tornem a roupa limpa e agradável ao uso?

E ainda, o que pensar da necessidade de varrer a casa, passar pano de chão, cuidar do lixo, higienizar o sanitário? Que teologias tocam nossas intimidades, nossa sexualidade, não para condená-las, mas para mantê-las vivas na integridade de nossos corpos?

Lembrei-me de Clarita, uma jovem mãe que conheci em São Paulo. Vivendo como mãe solo, Clarita sai cedo de casa, levando o seu bebê Pedrinho para Dona Luiza, sua vizinha, cuidar. Toma o ônibus cheio, que se quebra no meio do caminho. Espera outro e chega afinal na casa de família onde trabalha. São 8h. Abre a porta de serviço, dirige-se ao tanque, lava e passa roupa. Preocupada, pensa em Pedrinho, esperando que ele esteja bem. Segue pedindo a Deus por ele. A quem mais pedir? Pede ao Deus que habita seu coração e que sabe o que ela vive. Às 11h30 a patroa, Dona Amélia, abre a porta da lavanderia e diz: "Bom dia, Clarita! Pode servir o café, por favor"... O que há de especificamente teológico nesse cotidiano de Clarita? Uma expressão da condição humana que não chega às teologias acadêmicas! Um apelo à Vida Maior para cuidar das vidas menores... Expressão de temores e de esperanças.

Desde o lazer, o prazer e a produção de beleza presentes no canto e na dança, podemos também nos perguntar como essas realidades diversas tocam nossos corpos. Por que necessitamos delas? Como as vivemos no cotidiano de nossas vidas? Que canções e que danças nos aproximam e nos ajudam a encontrar as pequenas alegrias da vida? Essas liturgias renováveis nos trazem para o concreto, para o lúdico necessário à manutenção de nosso sopro de vida. Essas atividades nos arrancam da metafísica das teologias patriarcais sacrificiais e nos fazem enfrentar em primeiro lugar a física de nossos corpos, sua materialidade fundamental para que estejamos vivas e para responder a suas necessidades vitais.

Não poderíamos viver o Mistério Maior, a tradição do Movimento Jesus, desde outras referências, diferentes das missas patriarcais e sacrificiais? Referências nascidas de nosso corpo, de nossas atividades e relações as mais primárias, de nossa busca por prazer e beleza, da contemplação de um céu azul ou de uma noite estrelada, do choro de uma criança ou da lágrima de um idoso. Tudo isso parece tão pequeno frente à formulação dos discursos onipotentes sobre Deus, das cristologias forjadas de forma a violentar nossas mentes, dos códigos morais que atemorizam e controlam nossos corpos, do céu e do inferno prometidos como formas de controle de nossas vidas.

Estamos tentando resgatar as flores do campo, suprir a falta de vinho, ajudar Marta e Maria a cuidarem do irmão enfermo, a cuidar da sogra de Pedro, a lançar as redes para ter peixes. Estamos abrindo nossas sacolas e dividindo o pão e o peixe com os famintos das estradas, estamos denunciando os impostos pesados até sobre a hortelã e o coentro. Estamos gritando para que não apedrejem as mulheres e não lhes imponham fardos pesados que os homens não as ajudam a carregar.

Tudo isso parece tão pequeno, tão insignificante frente ao Templo de Jerusalém, à Catedral de São Pedro e a muitas outras artísticas obras espalhadas pelo mundo. Tudo isso é tão mínimo frente à riqueza do Museu do Vaticano, aos palácios episcopais, às mitras e aos báculos cravejados de ouro e prata. Tudo isso é tão mínimo frente à dignidade sacerdotal de representar o Cristo ou frente às sumas teológicas e os pós-doutorados em Teologia... Mas parece ser lá que a vida consegue brotar e reaparecer sempre de novo e com novo vigor.

Haveria uma linguagem teológica feminina desde lugares domésticos? Estou segura de que sim.

Na Idade Média, Deus era nomeado através do que se chamava a *"via negativa"*, isto é, sempre mostrando que nossa linguagem não acede à realidade de Deus e não a expressa. Deus é bom, porém não como a nossa bondade. Mas não foi isso que a teologia masculina fez ao longo dos tempos. Identificou o Mistério Maior a uma linguagem masculina, reduzindo a linguagem masculina a uma identidade de gênero única aplicável ao divino. Sem dúvida, uma usurpação, para alguns inconsciente, do Mistério Maior para a pequenez de nossa linguagem masculina e a consequente manipulação dos poderosos deste mundo.

Ninguém viu a Deus... Ninguém teve acesso à Fonte da vida! Segundo a metodologia da via negativa, o que vivem as mulheres é sempre mais do que se considera, há mais vida cuidada do que aparece, há mais mistério de cuidado do que se pode encontrar nas estatísticas. As mulheres cuidam da manutenção do Mistério da Vida, conhecem algo de seus mistérios, têm uma amizade com os odores, os alimentos, a limpeza, o acalanto.

Os homens, sobretudo os religiosos, têm dificuldades para reconhecer como o imaginário religioso masculino sustenta os monoteísmos e em especial o monoteísmo cristão.

Nós mulheres temos o dever e o direito de criticar a linguagem masculinista usurpadora dos direitos fundamentais que nos tocam, da aproximação múltipla que vivemos do Mistério Maior.

Por tudo isso é preciso retomar criticamente, através de uma filosofia da religião feminista, os limites da teologia hierárquica masculina tornada verdade de fé e oferecida como "salvação" para a humanidade. Esse procedimento nos conduz à abertura de horizontes para a inclusão do feminino, da diversidade da natureza em toda sua criativa exuberância como expressão de uma realidade que sempre nos ultrapassa. Uma realidade que sempre está para além de nossas teorias e cujos muitos nomes, expressões, formas, evoluções e transformações mal podemos balbuciar.

Temos que reagir contra a arrogância e a apropriação do Mistério Maior pela linguagem conceitual masculina, contra a personificação masculina do divino e sua redução ao humano, último rebento da evolução criativa, um rebento divisor e destruidor de si, dos outros e do planeta, embora também criador de belezas. Temos que nos abrir para a multiplicidade da presença do Mistério Maior, inacessível às nossas teorias e pretensões.

Para além de toda linguagem, o que nos faz alcançar uma certa transcendência ou um ultrapassamento de nosso egoísmo individual é uma ética possível, uma ética de respeito à vida e aos direitos das pessoas e do planeta. Refiro-me ao real cuidado de umas com as outras e com todos os seres que nos fazem viver. Talvez poderíamos nos inspirar numa teologia mística, sempre simbólica, sempre marcada por analogias, sempre precária, expressão da precariedade de nossas vidas. Talvez ela nos ajudasse a livrar-nos do peso dos dogmas, das leis clericais, das repetições, e a introduzir mais leveza, mais contemplação dos lírios dos campos e das brincadeiras das crianças que começam, acabam, recomeçam de novo no dia seguinte e com matizes diferentes, como se fosse a primeira vez que brincassem.

Deixar-se afetar pela vida e ajustar nossas convicções, nossa fé, nossos ideais e nossas ideias a partir dela, a partir de suas pequenezas e grandezas é um desafio que estamos sendo convidadas a acolher.

7 Um certo ateísmo patriarcal presente nas teologias feministas

Entre as muitas acusações sofridas pelas teologias feministas radicais, as de ateísmo e de heresia são as mais frequentes. As acusações provêm de pessoas que acreditam numa espécie de fonte imutável de suas crenças e que a ação do tempo, do espaço, das mutações culturais, das descobertas científicas não pode influenciar nem mudar nada das palavras e ditames afirmados como divinos e imutáveis.

Não creio que nossa responsabilidade seja de mudar essas pessoas, mas apenas de exigir que elas respeitem outras percepções e que abram espaços para que as novas interpretações da vida possam ser vividas sem violência. Sem dúvida muitos mistérios estão para além de nosso alcance cognitivo, mas, se conseguimos desvendar algumas atitudes que nos levam a viver e agir de outra maneira, temos que conceder a uns e outras espaços para que tais descobertas se vivam.

A partir de algumas hermenêuticas hierárquicas e de certezas ditas absolutas e imutáveis, acusações feitas às teólogas feministas são em grande parte fruto de constatações verdadeiras. Por exemplo, as teólogas feministas não parecem obedecer às leis temporalmente estabelecidas e decretadas como eternas. Entretanto, essa acusação de heresia é de fato a expressão da revolta dos corpos femininos, revolta que brota dos corações que já não aceitam dobrar-se a velhos ídolos estabelecidos pelas mentes humanas masculinas e declarados divindades. A palavra "heresia", do grego *airesis*, significa "escolha" ou "opção" e de certa forma se opõe a credos religiosos marcados por uma rígida ortodoxia. Nessa perspectiva, as heresias são expressões da mobilidade da vida, são canções novas que brotam de nossos corpos cansados da mesma cantilena patriarcal que expressa um eterno e uma eternidade que já não fazem vibrar nossas entranhas, não dão sentido a nossas preocupações nem respondem a nossas perguntas.

De fato, tornamo-nos ateias desses modelos divinos, ateias desse poder, ateias desses dogmas insensíveis às dores reais de uma humanidade abandonada a seu próprio sofrimento. Entretanto, apesar desse ateísmo acusatório somos crentes, somos mulheres de fé num Mistério Maior que nos habita e que sopra continuamente em nós e para além de nós. Sentimos sua presença em nós e no mundo cada vez que a fome de pão nos invade, cada vez que juízes nos conduzem injustamente a tribunais, cada vez que somos estupradas e que o fruto da demência da violência gera o indesejado em nós. Nós o sentimos em nossos incessantes clamores por justiça na moradia, na educação, na saúde, no respeito a nossas vidas. Nós o vivemos na beleza do céu azul e no encanto de uma noite estrelada.

Nosso ateísmo é em relação à formulação e manutenção de um Deus masculino todo-poderoso, portador de uma vontade preestabelecida, *doublé* da vontade dos poderosos que sempre governaram o mundo. Nosso ateísmo é em relação à apropriação de um conceito hierárquico metafísico de divindade que acaba sendo a cópia de um Olimpo que se incrustou no Movimento de Jesus.

O que resta para nós dessa divindade poderosa?

Não há uma única resposta para essa pergunta, mas sim muitas e circunstanciais. Essa pergunta nos convida a estarmos cada vez mais atentas à história de nosso tempo, às transformações que nele sucedem, aos usos e abusos das religiões na corrida pelo lucro e pelo poder sobre os outros e outras. Afinal, o divino, o extraordinário, o desconhecido, o poder maior, o imprevisto, o amor e os muitos valores que prezamos nos habitam e nós os habitamos. No fundo continuamos com o mesmo velho adágio de Sócrates: *"Só sei que nada sei"*, embora conscientes de que algo sabemos, pois aqui estamos vivas e vivos e em diálogo com nossos contemporâneos.

8 A descrença das mulheres ou a desconfiança de Maria

"Como se fará isso se não conheço homem?" Nós também desconhecemos homens que de fato nos ajudarão a superar as formas de dominação que caracterizam nossas relações. Por isso é preciso acreditar que o Espírito nos habita e que em nós é capaz de dar coragem para o primeiro passo na direção de algo que desconhecemos no mundo patriarcal. Estamos grávidas do Espírito de Liberdade, daquele que sopra onde quer e nenhum trono ou dominação pode contê-lo. Desconhecemos talvez a força de nossa capacidade criativa, desconhecemos que dentro de nós habita uma vitalidade criadora de novos sentidos. Desconhecemos a luta de muitas mulheres que não se entregaram à inércia de repetir o mesmo modelo num mundo que as oprimia e impedia de ser líderes. Mulheres do passado acusadas de bruxaria na realidade eram líderes que se opunham ao obscurantismo do clero e da burguesia nascente. Mulheres do presente, líderes no campo e na cidade acusadas de intransigentes, de partidárias da destruição da família e da fé cristã, na realidade são as portadoras da *"boa-nova"* para a vida das mais oprimidas de nosso país.

Apesar de muitos avanços do Espírito em nós, muitas seguimos atreladas às palavras masculinas, querendo apenas nos incluir nelas sem o esforço de reinterpretá-las a partir de nossos corpos e de nossas vivências. Muitas dirão que não podemos abandonar a tradição da "boa-nova". A boa-nova dos homens? Ou a BOA-NOVA das mulheres e da humanidade plural? Essa de fato não podemos abandonar. Mas o que ela significa de verdade para nós? Seria ela o conjunto de dogmas teológicos, cristológicos, mariológicos, pneumatológicos que o mundo patriarcal nos legou? Seriam as prescrições ultrajantes sobre nossos corpos, que se tornam cada vez mais propriedade masculina e institucional?

Acolher a BOA-NOVA é algo que temos que fazer diariamente, que temos que discernir a cada novo momento da história. Acolher a "boa-nova" não é acolher uma teoria ditada por concílios ou por doutos senhores em nome de Deus. É um renovar do ato de fazer o que *"nossas entranhas"* voltadas para nós e para o mundo nos disserem, sabendo que haverá nelas mistura, limites e belezas.

A ideia da perfeição moral é mais uma das ilusões que nos impuseram para reinar sobre nossos corpos e criticar nossas ações. Fomos educadas pela religião a manter-nos em crenças ilusórias, acreditar em frases bem-construídas, em preceitos, em proibições, em pecados, culpas e castigos imaginários. Por isso, como as nações, também estamos em contínua guerra entre nós e em nosso interior. Sempre querendo ser mais, ser diferente, ser conforme um ideal proclamado pela moda religiosa, com seus figurinistas ainda de colarinho branco romano ou de sotaina interior e/ou exterior. A dominação, embora abrandada por algum sorriso complacente, continua a mesma. A dúvida sadia deve vir em nosso auxílio. O afinamento de nossa observação do mundo deve ser matéria renovada em nossa escola pessoal e coletiva. A ternura e a ação de graças contínuas devem nos acompanhar.

Há que descrer para crer. Há que descrer do caos em que estamos para voltar a apreciar os lírios do campo, que não semeiam nem tecem, mas estão lá, cheios de vigor, de vida e de beleza. Há que descrer das ordens dadas pelos políticos e pelo clero e verificar os fatos através de nossos próprios olhos, de nossa reflexão, de nossa observação contínua da vida.

Maria recebe o anúncio de que será a mãe do salvador. Desconfia, permite que a dúvida a habite, pergunta para obter resposta. *"Como se fará isso?"* E a resposta vem dela mesma. O Espírito que nela habita fará o trabalho de gestação. O Espírito que nos habita gesta em nós novas coisas, novas situações, novas solidariedades. É no mais profundo de nós que consentimos na mudança do rumo de nossas vidas. Mas o processo é árduo e lento. Estar grávida do Espírito significa aceitar a descrença dos outros em nossa capacidade de gerar vida, significa a perseguição dos muitos Herodes, significa não ter lugar para parir, significa ter que fugir para os muitos Egitos e não ter onde recostar nossas cabeças.

Como diz o poeta: "Não há caminhos, se faz o caminho caminhando". Essa tem sido a aventura das mulheres dentro mesmo das ordens patriarcais. Esse tem sido o caminho desses mais de 50 anos de teologia feminista na América Latina, entre sombras e luzes as mais diversas.

9 A transfiguração em provisórios possíveis: o discurso poético a partir da terra, da casa e da rua

O Papa Francisco por repetidas vezes aconselhou que a Igreja estivesse em estado de saída, ou seja, uma "Igreja em saída", isto é, em movimento de acolhida dos problemas e das transformações do mundo. Nós mulheres estamos "em saída" sobretudo em relação às maneiras dogmáticas e sexistas presentes em nossas confissões religiosas. Não abandonamos nossas casas, nossas famílias, nossos amores, nossos trabalhos os mais diversos. Buscamos sair e até abandonar os preconceitos em relação a nós, os dogmas, as teorias fixas que nos impedem de ser e de agir na igualdade e na diferença inerentes a todas as pessoas e coisas desse mundo. Estamos "em saída" das ataduras sociais que nos impediram de escrever, de estudar, de representar, de brigar pela liberdade igual e diferente de nossos corpos. Estamos em saída de convenções que nos oprimem, de modismos sociais, de proibições marcadas pelo sexo, pela raça e pela classe. Ao afirmar isso não estamos entrando em outros dogmatismos, como o da permissividade sem limites ou do deboche em relação aos que não creem no que cremos, os que não esperam o que esperamos. Por isso, vivemos uma transfiguração em provisórios possíveis. E é a partir deles que as mudanças vão se operar lentamente até que os velhos impérios caiam, até que algumas afirmações teológicas entrem em desuso, até que comportamentos outrora proibidos se tornem correntes e aceitáveis. Mas essa transformação exige constância e força de quem as reivindica. Não basta lutar um dia, há que lutar sempre! Antes "preto" não podia ser padre, cantora negra não podia se apresentar em teatros municipais das grandes cidades, meninas não podiam ser acólitas, mulheres não podiam ler nas missas. Essas pequenas transformações geraram grandes movimentos culturais e sociais.

Nessa perspectiva, muitas de nós também constatamos os limites das grandes narrativas, aquelas que nos faziam apostar em sua realização, que nos faziam esperar incansavelmente que as letras escritas se tornassem carne. As grandes narrativas não se referem apenas a uma sociedade sem classes ou a uma sociedade igualitária entre mulheres e homens, enfim, uma sociedade onde "corre o leite e o mel". As grandes narrativas são cheias de grandes conceitos – como Deus, Jesus Cristo, Nossa Senhora, o pecado, a graça, o céu, o inferno – que operam muitas vezes criando ilusões e medos e acrescentando sofrimentos. Essas narrativas vestiram a *"boa-nova"* do Movimento Jesus de roupas pesadas, que se tornaram mais importantes do que os nossos corpos. Agora é chegado o momento de arrancar essas velhas vestes e olhar os corpos nas suas diferentes formas e matizes. Somos as interessadas em mostrar nossos corpos, suas feridas e sobretudo sua força para levar adiante essa revolução, para revolver a terra em que pisamos, para revolver as crenças que tínhamos e deixar aparecer a novidade simples e luminosa da "boa-nova" para hoje. A teologia feminista no mundo, na América Latina e em especial no Brasil aprofundou o caminho das pequenas transfigurações, tentando a cada dia lançar luzes sobre o que se tornou opaco, habitual na sociedade e nas igrejas. A teologia feminista tenta superar arduamente os dualismos que foram por séculos marcando o que se chama ainda de "cultura cristã". Sair deles é um empreendimento difícil e continuamente transgressor, visto que ele nos habita, pois nos constituiu durante séculos e séculos de crença – crença de que os homens são o centro de convergência de todas as iniciativas, são os representantes do *"Deus Pai todo-poderoso, criador do céu e da terra"*, e agem segundo a vontade do próprio Criador.

Por isso há que sair dessa prisão conceitual, há que olhar de novo as flores do campo ou simplesmente os vasinhos de flores que pusemos perto da janela da cozinha. Elas têm um tempo para florescer e um tempo para fenecer. Não param sua vitalidade no auge do florescimento. Porém, esse é um momento de auge único, passageiro, que lentamente já anuncia o seu próprio fenecer. Não são flores de plástico, fabricadas para durarem o maior tempo possível. Não são códigos em vista de uma vida individual eterna.

Os conceitos fixistas com os quais ainda aprendemos coisas da fé cristã já não dão conta da consciência de nossa mobilidade, da liberdade que buscamos, embora conscientes de sua frágil duração no tempo. O eterno cede lugar ao temporal, ao hoje, sabendo-se bem que o hoje contém também algo do amanhã assim como contém algo do ontem.

É nessa dinâmica sempre móvel e precária que nos atrevemos a refletir sobre a palavra "Deus".

10 Deus, um consolo, um alento, uma esperança

Por que usamos a palavra "Deus" nas situações as mais gozosas e as mais adversas? E, ao pronunciarmos essa palavra, o que sentimos e a que ela corresponde? Certamente no imediato ela já não se refere ao ser perfeitíssimo criador do céu e da terra que aprendemos no catecismo. Ela já não se refere à primeira pessoa da Santíssima Trindade como nos ensinaram. Ela igualmente já não se refere àquele Ser que tudo pode e que foi chamado de Pai eterno.

A palavra "Deus" mistura-se às vidas que a invocam como se fosse parte da linguagem corrente, como se fosse um respiro que entrasse em qualquer situação mesmo quando se trata da realização de um delito. Ladrões e políticos corruptos não deixam de usar essa palavra, como para terem força para si mesmos e para influenciar seu público. Doentes e desesperados, alegres e tristes a usam como um aposto, uma invocação, um alívio, uma exclamação. Embora não se deva usar essa palavra em vão ou de forma enganosa, não há que renunciar a ela. A palavra "Deus" está assim em toda parte, mesmo que a coloquemos nas situações as mais sórdidas, mesmo nos campos de extermínio, mesmo diante da morte de uma criança e do inconsolável choro de uma mãe ou ainda do leite derramado desatentamente. Deus, grito diante do incêndio das florestas, diante das fortes águas que derrubam casas, diante do afogamento de animais, diante da morte do amigo, da irmã. Deus, grito de desespero. Deus, desespero em mim clamando ajuda. Deus esperança. Deus "se Deus quiser"...

Essa espécie de hábito ou até de vulgarização da palavra "Deus" em nosso cotidiano nos convida a descer dos muitos tronos acadêmicos e dos discursos teóricos que a querem apagar de nosso vocabulário dando-lhe um estatuto de racionalidade pura ou de transcendência sem nome. O fato é que ela se tornou expressão de um lamento, ela nos penetrou como uma respiração de alívio, de dor ou de alegria que se expressa através dela. Talvez precisemos deixá-la nesse estado mais imediato de som que expressa nossas entranhas plurais, nossas dores, decepções e alegrias. Através dessa respiração com nome Deus podemos abrir-nos para as possibilidades reais de presença ao nosso próximo dissemelhante, aos que nos molestam com sua iniquidade, com sua preguiça, com sua fome insaciável, com sua arrogância. Ou ainda os que nos atingem com seu cheiro azedo, com seu perambular pelas ruas em busca de abrigo, com suas vozes que não queremos ouvir. São esses dissemelhantes, esses distantes dos quais quero me distanciar, que crescem em número assustador e me fazem dizer intimamente "Meu Deus". E mais, sei que os temo, que me protejo deles, que fujo para o outro lado da rua, que apresso o passo para que não me peçam nada, que temo que me toquem, me enxerguem. Escondo a bolsa, o celular, aperto o passo, não respondo quando me chamam. Entretanto, são filhas e filhos de nossos ventres. São nossa humanidade! Mas nossa lógica de amar ao próximo nos fez também nos tornar distantes deles. Fizemos do próximo apenas o que é igual a nós em condição econômica ou em proximidade familiar. Os próximos primeiros são nossos iguais, nossos semelhantes economicamente falando. Dessa forma, consentimos em sociedades hierarquizadas e deixamos apenas uma pequena verba aos que caíram pelo caminho. Essa política entrou em cheio nas religiões institucionais, e elas igualmente mantêm os privilégios de classe e os encobrem com discursos que são capazes apenas de edificar a razão, mas não tocam de fato as emoções profundas, não mudam de fato as relações entre nós.

Ah, meu Deus! Que miseráveis somos!

Como reconhecer-nos interdependentes, multicoloridos, não hierarquizados a partir da cor branca da pele? Como sair dos estereótipos culturais que depreciam os diferentes e não valorizam suas especificidades? Como sair do sexismo, da homofobia, da *pobrefobia*, das dependências, das condenações tão presentes nos preceitos religiosos, na cultura dualista hodierna e nas políticas públicas? *Meu Deus!*

Nós mulheres não estamos fora dessa lógica. Nossa teologia, embora aberta a muitas reivindicações, ainda mantém as hierarquias sociais e seus privilégios.

Deus, meu Deus, onde estás nesse vale de lágrimas, nessa fome que machuca o corpo, nessa dor que faz sangrar o peito? Que saídas encontrar nesse mundo aparentemente sem saída? Deus se tornou a nota de dez reais encontrada na rua e que serviu para comprar o pão da noite, Deus se tornou a chuva tão esperada que caiu no sertão, Deus se tornou o sol que afinal secou a enchente, Deus se tornou o chá que a vizinha ofereceu para a criança doente, Deus se tornou a morte daquele velho que estava sofrendo tanto... Deus, não mais o todo-poderoso sentado num trono celeste, criador do universo, mas o Deus das pequenas coisas, expresso e misturado nas muitas miudezas da vida. Deus, não mais aquele que se tornou corpo único em Jesus Cristo, mas aquele/aquela que se torna comida, remédio, carícia, esperança, flor, brisa, abraço em meio aos muitos acasos e esperanças de nossas vidas.

Deus deixou de ser o todo-poderoso para ser apenas as gotas de orvalho necessárias às folhas num novo amanhecer. O Deus da humanidade não pode fazer tudo, porque a humanidade não é tudo e não pode tudo. Somos folhas verdes que pouco a pouco o vento leva... A partir daí, não creio que temos que chegar a um modelo único de humanidade e divindade. Temos apenas que acolher o reconhecimento das diferenças que nos constituem e das diferenças que constituem todas as vidas. Essa mistura que se expressa em interdependências constitui todas as vidas na Vida e em especial na vida dos que denominamos pertencentes ao gênero animal humano.

O sustentáculo das teologias deixa de ser o dogma, o livro sagrado, o mandamento da lei, para ser encontrável na vida de cada dia, na cozinha, na lavanderia, na rua, na água, no sol, na hortelã e no trigo, na chama tênue do amor que se renova sempre. O sustentáculo das teologias deixa de ser as formas hierárquicas para ser a tentativa sempre renovada de dividir meu pão e meu saber com os menos agraciados pela vida.

Sei que tudo isso pode parecer apenas rima e poesia. Sim, talvez seja, mas é também escrita de vida, renovada a cada dia desde o princípio dos tempos e para sempre expressando seu múltiplo caminho. Ela contém algo da força da "Boa-nova" de Jesus, plural e singular, cotidiana e simples, de hoje e de amanhã.

Mateus 25 se renova a cada instante porque sempre haverá famintos, prisioneiros, nus e tristes. E Maria de Nazaré deve estar lá, sempre presente e atenta, para que a água se torne vinho de festa, e Zaqueu deverá descer de sua árvore e partilhar seus bens enquanto a turba descontente continuará gritando e apontando o dedo para Jesus: "*Crucifiquem-no, crucifiquem-no*". Mas não conseguem seu intento, pois, como a fênix que renasce das cinzas, "*o amor segue sendo mais forte do que a morte*".

Conclusão: um *magnificat* iluminado para sombrios tempos

Prever o futuro das teologias é aventurar-se em águas desconhecidas, é atrever-se a fortalecer os falsos arautos de um mundo em tão grande mutação, que nos impossibilita qualquer previsão. O que sabemos hoje é das inúmeras possibilidades, conflitos e interpretações vigentes, possibilidades maiores do que as do passado, dado o estágio de nosso mundo presente. No momento em que um questionamento vem à tona, inúmeros outros o seguem, e inúmeros outros o negam. Por exemplo, quando se fala de uma teologia feminista e ecológica, as suspeitas de mudança ocorrem, e os argumentos que apelam para sua negação são inúmeros. Esse é apenas um exemplo a ser lembrado entre outros tantos que nos vêm da ascensão de povos, raças e classes oprimidas pelo poder branco vigente. Mas os impérios hoje se levantam contra si mesmos. As mesmas tecnologias que usam para dominar e oprimir são também em grande parte usadas contra eles. Assim, *não saber* faz parte de nossa esperança. O que restará da teologia patriarcal que por séculos educou gerações na fé no filho único de Deus, nosso salvador? O que restará do colonialismo religioso que destruiu e construiu culturas e novos credos? O que restará da imagem masculina patriarcal dominando céus e terras, altares e conteúdos religiosos?

Não sabemos...

Por isso, em coro, mulheres de muitos lugares, de muitas vozes e em muitas línguas, inspiradas por velhos cantos de liberdade, seguem entoando vibrantes os contagiantes ritmos emanados de suas entranhas:

Nossos corações engrandecem a Vida,

Nossas entranhas vibram de alegria

Porque a compaixão, a liberdade e a ternura se revelaram em nós

E a justiça tornou-se nossa força.

Doravante as novas gerações também lutarão para sair do jugo dos que nos humilham,

Inspiradas pelo legado precioso entregue à nossa descendência.

A Vida nos conduziu e fez em nós grandes coisas,

Seu sopro de Liberdade continuará de geração em geração.

Agimos com a força de nossos corpos cheios de amor e de vigor.

Dispersamos dominadores mentirosos,

Derrubamos poderosos de seus tronos,

Exaltamos corações ternos e compassivos,

Cumulamos de esperança as famintas de pão e de justiça,

Denunciamos ricos e ladrões, deixando-os de mãos vazias,

Socorremos as caídas nas estradas e nos rincões longínquos as abandonadas,

Abraçamos as apedrejadas e dividimos nossos pães com as famintas,

Visitamos prisioneiras e denunciamos os cárceres injustos,

Tornamos nossos corpos o pão que nos alimenta na busca de liberdade.

A Vida nutriu-nos de misericórdia para curar corações partidos
E legar nossas forças às gerações futuras,
Porque a Vida é Santa
E sua Santidade não tem fim.

E permanecendo um tempo juntas nos despedimos e seguimos preparando novos caminhos e transmitindo o legado de nossos conhecimentos, sabedoras de que a Vida, a vida de cada dia, faz em nós

Maravilhas! Que ELA seja cada dia santificada.

2

Onde estão as mulheres nos estudos de Teologia e Ciências da Religião no Brasil hoje?

Francilaide de Queiroz Ronsi e Gisele Canário

1 Introdução

A análise da presença das mulheres nos estudos de Teologia e Ciências da Religião no Brasil revela um panorama de resistências, mas também de avanços dentro de um campo historicamente dominado pelos homens. Esse predomínio masculino não é exclusivo do Brasil; é reflexo de uma tradição global em que a teologia e o estudo das religiões foram, por séculos, áreas de conhecimento reservadas ao masculino, em grande parte devido à sua estreita ligação com a formação do clero e a gestão das práticas religiosas em sociedades patriarcais.

No Brasil, o acesso das mulheres ao ensino superior, e em particular aos estudos teológicos, começa a ganhar forma somente na segunda metade do século XX. As primeiras inserções femininas na academia brasileira, em sua grande maioria, resultam de movimentos sociais mais amplos que questionaram a segregação das mulheres de espaços educacionais e profissionais. No entanto, como veremos, as barreiras para o ingresso nos cursos de Teologia e Ciências da Religião eram ainda mais rígidas, devido ao caráter conservador, masculinizado e religioso dessas áreas.

Um marco importante ocorre na década de 1970, quando as mulheres começaram a acessar o ensino superior em Teologia, desafiando as normas estabelecidas e abrindo novas oportunidades e caminhos para futuras gerações. Porém, o reconhecimento formal dos cursos de Teologia pelo Ministério da Educação (MEC) só aconteceu em 1992, evidenciando o atraso e a resistência institucional em aceitar mudanças nesse campo.

Nesse contexto, a criação da Área Ciências da Religião e Teologia (Área 44) pode significar a possibilidade de maior acesso das mulheres teólogas ou cientistas da religião à docência nos programas de pós-graduação (PPGs).

O nosso texto não tem a pretensão de contemplar todas as questões que envolvem as mulheres nos seus estudos de Teologia e Ciências da Religião, muito menos as dificuldades que enfrentam para serem docentes nos cursos de sua área. O que desejamos é colaborar com a reflexão já iniciada por outras pesquisadoras sobre a assimetria de gênero na Área 44.

Iniciamos com uma breve apresentação da história da construção da Área 44, a organização de sua estrutura epistemológica e, em seguida, uma leitura dos números dos e das docentes em cada PPG e a formação docente dentro da área. O quadro que se apresenta é desanimador, mas encontramos esperanças com a maturidade da própria área, que tem se revelado atenta à assimetria de gênero.

1.1 História e estrutura da Área 44: Ciências da Religião e Teologia

A Área 44 teve início com a Portaria Capes n. 174/2016, publicada no *Diário Oficial da União* de 13 de outubro de 2016, mas foi redesignada pela Resolução n. 1/2017, publicada no Boletim de Serviço/Capes – Edição Especial n. 1 – abril 2017 (cf. Moraes, 2019).

Entretanto, os programas de pós-graduação da atual Área 44 estavam ancorados, até 2016, na extinta Área Filosofia/Teologia, na subcomissão Teologia. O primeiro Programa de Pós-Graduação em Teologia está em funcionamento desde 1972 (PUC-Rio), com o Curso de Mestrado Acadêmico em Teologia; o doutorado teve início na mesma década, em 1979. Em 1978 entrou em funcionamento o primeiro Programa de Pós-Graduação em Ciências da Religião, com o Curso de Mestrado Acadêmico (PUC-SP). O primeiro Curso de Mestrado em Teologia Profissional funciona desde 2001 (EST), e o segundo desde 2013 (Fabapar). Por fim, o primeiro curso no Programa de Ciências da Religião em Mestrado Profissional entrou em funcionamento em 2011 (FUV).

Até 2016[5], quando foi criada a Área 44, já existiam, quanto à pós-graduação em Teologia, 7 programas com curso acadêmico e 2 programas com o Curso de Mestrado Profissional, constituindo

5. Até este ano, nos PPGs em Teologia com curso acadêmico estavam em funcionamento: na PUC-Rio, os cursos de mestrado, iniciado em 1972, e de doutorado, em 1979; na Faje, os cursos de mestrado e doutorado, iniciados em 1986; na EST, os cursos de mestrado, iniciados em 1983, e de doutorado, em 1990; na PUCRS, os cursos de mestrado, iniciados em 1993, e de doutorado, em 2016; na PUC-SP, temos o início do curso de mestrado, em 2000; na PUCPR, os cursos de mestrado, iniciados em 2009, e o de doutorado, em 2014; na Unicap, o curso de mestrado se inicia em 2015. Já os PPGs em Teologia com mestrado profissional tiveram início: na EST, em 2001; e na Fabapar, em 2013. No total, eram 9 PPGs, distribuídos em 7 PPGs com curso acadêmico e 2 PPGs com cursos profissionais. Nos PPGs em Ciências da Religião com curso acadêmico, tínhamos: na PUC-SP, os cursos de mestrado, iniciados em 1978, e de doutorado, em 2001; na Umesp, os cursos de mestrado, com início em 1979, e de doutorado, em 1990; na UFJF, os cursos de mestrado, com início em 1993, e de doutorado, em 2000; na PUC-Goiás, os cursos de mestrado, iniciados em 1999, e de doutorado, em 2007; na Unicap, os cursos de mestrado, iniciados em 2005, e de doutorado, em 2015; na UFPB, os cursos de mestrado, iniciados em 2007, e de doutorado, em 2015; na PUC-Minas, o curso de mestrado, iniciado em 2008; na Uepa, o curso de mestrado, iniciado em 2011; na PUC-Campinas, teve início o curso de mestrado em 2014; e na UFS, o curso de mestrado iniciou em 2015. Na FUV, o Programa de Ciências da Religião com curso de mestrado profissional teve início em 2011. No total eram 11 PPGs, que reuniam 9 PPGs com curso acadêmico e 2 PPGs com cursos profissionais.

9 programas. Quanto aos programas de Ciências da Religião, havia 10 programas acadêmicos e 1 programa com mestrado profissional, formando 11 programas. Depois de 2016[6], com a existência da Área 44, entraram em funcionamento 2 programas de pós-graduação em Teologia, com mestrado profissional. Até o segundo semestre de 2024 a Área 44 reunia 22 programas – 11 em Teologia e 11 em Ciências da Religião – em funcionamento. Em julho de 2024 foi aprovado pela Avaliação de Propostas de Cursos Novos (APCN) um curso de Teologia acadêmico, que ainda não entrou em funcionamento no momento de produção deste texto.

Os 22 programas estão presentes em todas as regiões do país: 10 no Sudeste (5 no Estado de São Paulo, 1 no Rio de Janeiro, 3 em Minas Gerais e 1 no Espírito Santo), 4 no Sul (2 no Paraná e outros 2 no Rio Grande do Sul), 4 no Nordeste, 1 no Centro-Oeste e 1 no Norte. A presença de pelo menos 1 PPG em cada região é positiva, no entanto observa-se uma assimetria entre as regiões Norte e Centro-Oeste em relação às demais regiões do país. Como é possível perceber, a maior concentração de programas se dá nas regiões Sudeste e Sul e Nordeste, com 10 programas e no Sul e no Nordeste, com 4 programas.

Outra assimetria se encontra no quadro de docentes permanentes nos programas da Área 44 em funcionamento[7]. É possível

6. Com a constituição da Área 44, em 2016, entraram em funcionamento nos programas de Teologia o curso de doutorado acadêmico na PUCRS, em 2016, e na PUC-SP,, em 2019. Nos programas de Ciências da Religião começou a funcionar o curso de doutorado acadêmico na PUC-Minas, em 2016; na Uepa, em 2024; e na PUC-Campinas, em 2024. O curso de doutorado profissional, na FUV, começou em 2021. Foi iniciado o programa em Teologia com curso acadêmico na FTSA, com o curso de mestrado, em 2019; e o Programa de Teologia com o Mestrado Profissional, na PUC-Minas, em 2024.

7. Informações apresentadas no site de cada PPG, no período de julho a agosto de 2024.

identificar 267 docentes permanentes, entre os quais, nos programas de Teologia, 27 são mulheres e 106 são homens, enquanto nos programas de Ciências da Religião 30 são mulheres e 104 são homens. Voltaremos a refletir sobre esses números na sequência de nossa reflexão.

1.2 A estrutura da Área 44

Segundo o Documento de Área (Capes, 2019), a Área 44 se organiza em oito subáreas, cada qual com seus temas correlatos (Quadro 1).

• Epistemologia das Ciências da Religião • Ciências Empíricas da Religião • Ciência da Religião Aplicada • Ciências da Linguagem Religiosa	• Teologia Fundamental-Sistemática • História das Teologias e Religiões • Teologia Prática • Tradições e Escrituras Sagradas

Quadro 1 – Fonte: Adaptado de Capes (2019, p. 3).

Os temas correlatos das subáreas são apresentados no Quadro 2.

A Área 44 possui a interdisciplinaridade como sua característica constitutiva, por ser composta por duas disciplinas[8]. No entanto, em cada uma dessas disciplinas, como afirma o Documento de Área, "o diálogo com outras disciplinas e áreas de conhecimento é imprescindível ao seu desenvolvimento teórico-metodológico" (Capes, 2019, p. 7). Nesse sentido, a área "deve manter e aprofundar o debate teórico-metodológico que tenha por objetivo garantir as especificidades epistemológicas de cada uma delas, evitando sobreposições e submissões de qualquer tipo quanto ao que concerne a metodologias e objetos próprios em cada caso" (Capes, 2019, p. 7-8).

---

8. Sobre o debate epistemológico que envolve as duas disciplinas que compõem a área, cf. Sampaio (2019).

SUBÁREA	TEMAS CORRELATOS	SUBÁREA	TEMAS CORRELATOS
Epistemologia das Ciências da Religião	Reflexão teórico-metodológica ou metateórica; abordagens filosóficas sobre o conceito/definição de religião ou sua negação; psicologia da religião e fenomenologia da religião – em sentido sistemático.	**Teologia Fundamental-Sistemática**	Fundamentação da teologia e seu desenvolvimento coerente (sistemático); exposição do dogma (aspecto querigmático); defesa ou clarificação atualizada das doutrinas religiosas, espiritualidades, tradições de sabedoria específicas à tradição (aspecto apologético); teologia política, teologia filosófica; filosofia da religião.
Ciências Empíricas da Religião	Fenômenos religiosos, espiritualidades, tradições de sabedoria ou filosofias de vida no campo; disciplinas... da religião, em diálogo com teorias e métodos de outras ciências constituídas: Sociologia..., Antropologia..., Psicologia..., História..., Geografia..., Fenomenologia... – em sentido descritivo.	**História das Teologias e Religiões**	Estudo histórico de ideias e doutrinas religiosas, espiritualidades, tradições de sabedoria (história intelectual), de sua(s) expressão(ões) ou arraigamento sociocultural.
Ciência da Religião Aplicada	Religião e espaço público, política, ética, saúde, ecologia, culturas; temas associados à diversidade, respeito e tolerância; diálogo inter-religioso; educação e religião.	**Teologia Prática**	Psicologia pastoral, teologia e saúde, ecoteologia, fé e política, homilética, relação entre teologia/culto/práxis, missão e inculturação, inclusão e direitos humanos, teologia e sociedade, ação, experiência e conhecimento prático, educação na respectiva tradição.
Ciências da Linguagem Religiosa	Métodos e fontes para o estudo das religiões, espiritualidades ou tradições de sabedoria, de suas línguas naturais, de seu vocabulário e gramática; relações entre linguagem religiosa, linguagem artístico-literária e linguagem em geral.	**Tradições e Escrituras Sagradas**	Escrituras Sagradas e relatos da tradição oral das diversas tradições religiosas, espiritualidades, tradições de sabedoria.

Quadro 2 – Fonte: Adaptado de Capes (2019, p. 3-4).

Para uma área que contempla duas grandes disciplinas, o Documento de Área apresenta o perfil dos pesquisadores e pesquisadoras para cada uma delas. No Programa de Ciências da Religião, o pós-graduando e a pós-graduanda

> pesquisa[m] o fato religioso, a experiência religiosa, os fenômenos, as experiências, os conteúdos, as expressões, os textos reconhecidos como sagrados, as tradições e narrativas orais, as linguagens, as culturas religiosas e as tradições de sabedoria, considerados em perspectivas externas, de perfil não normativo, em diálogo com outros saberes acadêmico-científicos, com ênfase em investigações de natureza qualitativa e quantitativa, podendo também ser de natureza teórica ou aplicada, a partir de abordagens teórico-metodológicas próprias das escolas que constituem o campo de estudos da(s) religião(ões), suas subáreas e disciplinas auxiliares (Capes, 2019, p. 4).

E, no Programa de Teologia, o pós-graduando e a pós-graduanda

> pesquisa[m] criticamente a inteligência da fé, os conteúdos, as doutrinas, as tradições, os textos reconhecidos como sagrados, as linguagens de tradições específicas, assim como as experiências que o ser humano desenvolve com o que reconhece e professa como sagrado e outras práticas socioculturais, a partir de perspectivas internas e em diálogo com as demais ciências, com outras culturas, tradições e religiões, considerada a diversidade de abordagens teórico-metodológicas de escolas e campos de estudos teológicos. A área não apenas reconhece como também propõe e fomenta o debate plural no campo teológico, sendo possível a utilização do termo teologias para se considerar os discursos atinentes às distintas escolas e diferentes perspectivas religiosas (Capes, 2019, p. 5).

Nessa Quadrienal (2021-2024), os PPGs serão avaliados pelos mesmos critérios utilizados pela Capes na última Quadrienal. Ou seja, será feito uso da Ficha de Avaliação e do Documento de Área que direcionaram cada PPG, em sua área, no último processo avaliativo.

Em seu Documento de Área, de 2019, a Área 44 se mostra consciente dos seus desafios. Assim, nele é afirmado que "dois importantes desafios a serem enfrentados dizem respeito à assimetria por gênero e à assimetria étnico-racial na composição do corpo docente dos programas da área" (Capes, 2019, p. 22). A coordenação de área, naquele momento, orientou os PPGs para que enfrentassem essa questão com uma política afirmativa de inclusão. Havia a chamada de atenção para que os PPGs não descuidassem destes dois importantes desafios para a área: as assimetrias de gênero e étnico-racial no corpo docente dos PPGs. Aqui nos deteremos na assimetria de gênero.

Como vimos, pouca mudança a área teve durante o período de 2019 até 2024, quando o tema é gênero. A preocupação que revela o Documento de Área (Capes, 2019) pouco efeito teve nos PPGs nessa Quadrienal (2021-2024). O número de mulheres docentes nos PPGs de Teologia é de 25% em relação aos homens, e não muda muito nos PPGs de Ciências da Religião, que é 28%. Nos 22 PPGs em funcionamento na Área 44, a presença das mulheres no corpo docente permanente é em torno de 27% do corpo docente de homens.

A coordenação da Área 44 tem procurado diminuir essa assimetria fazendo uma abordagem mais incisiva na APCN (Capes, 2021). Neste documento, sobre a assimetria de gênero, afirma-se que a área "avaliará positivamente as propostas que apresentarem ao menos 20% de docentes permanentes mulheres. Caso as propostas apresentem 30% de docentes permanentes mulheres, a área aumentará ainda mais a avaliação positiva desse item" (Capes, 2021, p. 25-26). A postura da área, quanto à assimetria de gênero no corpo docente permanente, parece não querer retroceder ou mesmo estagnar com algumas conquistas, mas avançar para combater essa absurda assimetria de gênero que atinge toda a Área 44.

1.3 *As mulheres docentes na Teologia*

Infelizmente a assimetria de gênero no corpo docente das instituições de ensino superior é uma realidade bem conhecida pelas mulheres que se preparam para a docência acadêmica, assim como o é também para as que são docentes. Entretanto, como nos lembra a socióloga Neiva Furlin (2021, p. 2):

> A docência feminina no ensino superior tem sido uma conquista das últimas décadas em diferentes áreas acadêmicas e vem se afirmando em meio a desafios, sobretudo, nos campos de saberes que se estruturaram, ao longo de muitos séculos, como lugares exclusivamente masculinos. Aqui poderíamos citar as áreas da engenharia, da física, da matemática, da filosofia, da teologia, entre outras.

Estamos tratando de uma ciência, a teologia, que foi elaborada por homens e pensada para os homens, em especial para a formação do clero. Esse universo masculinizado legitimou, por muito tempo, e parece persistir em alguns lugares, que o estudo e a elaboração teológica não eram ou não são para as mulheres. É importante, no entanto, lembrar, segundo Neiva Furlin (2021, p. 3), que as mulheres no Brasil "só tiveram acesso ao curso superior de Teologia a partir da década de 1970", impulsionadas por outras mulheres, que romperam fronteiras demarcadas por gênero em diferentes áreas acadêmicas.

Neste momento, trazemos à memória três importantes nomes de mulheres teólogas que contribuíram na elaboração de uma teologia fecunda e encarnada na realidade do povo brasileiro e que abriram caminhos para outras mulheres poderem ser docentes em um PPG em Teologia no Brasil. São elas: Ana Maria Tepedino, Tereza Maria Pompéia Cavalcanti e Maria Clara Bingemer. Todas foram alunas da graduação e da pós-graduação em Teologia na PUC-Rio, exceto Tereza Cavalcanti, que não fez a sua graduação nessa instituição.

Ana Maria Tepedino e Maria Clara Bingemer fizeram juntas a graduação, iniciando o curso em 1976. Elas faziam parte do grupo de seis mulheres que integraram as primeiras presenças leiga e feminina no curso de Teologia. Ingressam, em seguida, no curso de mestrado, em 1982. Naquele mesmo ano, também Tereza Cavalcanti inicia o mestrado. Maria Clara foi fazer o doutorado na Gregoriana/Roma, em 1982; Ana Maria Tepedino e Tereza Cavalcanti continuaram os seus estudos no doutorado na PUC-Rio, iniciando, respectivamente, em 1987 e 1984. Tereza Cavalcanti começa a lecionar na Cultura Religiosa em 1972, e Ana Maria Tepedino e Maria Clara em 1982; em seguida passam a fazer parte do corpo docente do PPG. Foram mulheres pioneiras no acesso ao curso de Teologia no Brasil, antes do reconhecimento do curso pelo MEC, que só veio em 1992.

Entretanto, os dados são claros ao indicar que, embora as mulheres tenham conquistado espaço na academia, as estruturas de poder e reconhecimento permanecem indiscutivelmente masculinas. A resistência a essas mudanças pode ser atribuída, em parte, à persistência de uma cultura teológica que, durante muito tempo, excluiu as vozes femininas, tratando a teologia como um campo reservado aos homens.

É importante notar que a presença leiga, especialmente feminina, permanece limitada, com o corpo docente dos programas de pós-graduação ainda majoritariamente composto por clérigos e pastores, tanto em ambientes católicos quanto protestantes, como vimos anteriormente. Mesmo que haja um tímido crescimento na contratação de docentes mulheres, o progresso é lento e enfrenta resistências significativas.

1.4 A presença leiga e feminina na Teologia e nas Ciências da Religião

A presença leiga, especialmente feminina, nos PPGs em Teologia e Ciências da Religião no Brasil reflete as grandes desigualdades de gênero e poder que ainda permeiam essas áreas de estudo. Historicamente, a teologia foi concebida e desenvolvida em contextos religiosos em sua maioria masculinos, em que a formação do clero era o principal objetivo. Esse legado persiste nos PPGs, onde a maior parte do corpo docente é composta por clérigos e pastores, tanto nas instituições católicas quanto nas protestantes. Essa composição continua a perpetuar as tradições eclesiásticas, reforçando as barreiras para a inclusão de leigos, especialmente mulheres, no cenário acadêmico teológico.

Embora a entrada de mulheres no espaço acadêmico teológico seja um passo importante, a participação feminina continua a enfrentar resistências que vão além do simples acesso. O crescimento da contratação de docentes mulheres é lento, e esse progresso tímido ocorre em um contexto em que as estruturas institucionais e culturais ainda favorecem a predominância masculina. As mulheres, quando contratadas, enfrentam dificuldades para alcançar posições de destaque e têm suas vozes e perspectivas frequentemente marginalizadas.

Além disso, a contratação de mulheres é concentrada em áreas específicas, muitas vezes periféricas dentro da teologia, enquanto as áreas consideradas centrais ou de maior prestígio permanecem dominadas por homens. Esse cenário é mantido por dinâmicas de poder e por uma resistência, tanto implícita quanto explícita, à mudança. As normas e expectativas de gênero, enraizadas na tradição religiosa, continuam a influenciar as práticas de contratação e promoção nos PPGs. A figura do clérigo ou pastor ainda é vista como a mais adequada para o ensino e a orientação teológica, o que marginaliza as contribuições dos leigos e, especialmente, das mulheres leigas.

Essa resistência à mudança é, com certeza, institucional, mas também cultural e reflete uma hesitação em questionar e alterar as estruturas tradicionais que sustentam o campo teológico. A falta de políticas afirmativas robustas que promovam a equidade de gênero dentro dos PPGs contribui para a manutenção desse *status quo.* Mesmo quando existem orientações ou incentivos para aumentar a contratação de mulheres, a implementação dessas políticas esbarra em resistências internas e na falta de compromisso efetivo por parte das lideranças acadêmicas e religiosas. A presença feminina continua a ser vista como uma exceção, e não como parte integrante e necessária do desenvolvimento teológico e acadêmico.

1.5 Dados recentes e temas de pesquisa[9]

Em 2023, das 426 teses e dissertações defendidas na Área 44, que abrange os estudos de Teologia e Ciências da Religião, apenas 119 foram realizadas por mulheres. Esses números evidenciam que o campo acadêmico dessas disciplinas ainda é majoritariamente masculino, não só na produção científica como também na composição de seu corpo discente. Essa disparidade igualmente se reflete no corpo docente, em que os homens continuam a ser predominantes. A sub-representação feminina sugere a existência de barreiras que limitam a plena participação das mulheres, tanto no acesso quanto na progressão dentro desse campo de estudo.

Ainda com base nas dissertações e teses da Área 44 defendidas em 2023, os temas mais trabalhados pelas discentes foram categorizados em alguns grupos principais, conforme apresentado a seguir:

- **Educação e ensino religioso:** Muitas discentes dedicam suas pesquisas a questões relacionadas ao ensino religioso, sua implementação, seus desafios e formação de professores, além de abordagens pedagógicas e curriculares. O foco em educação e ensino religioso domina o cenário das pesquisas entre as discentes, refletindo uma forte preocupação com a formação de

9. Informações da Plataforma Sucupira.

professores e a implementação do ensino religioso no contexto educacional. Isso sugere que, embora tenham conquistado espaço em outras áreas, o vínculo das mulheres com a educação permanece forte, refletindo a tradição histórica de associá-las à tarefa de ensinar.

- **Teologia e espiritualidade:** Estes temas aparecem de forma marcante nos trabalhos das discentes, com algumas pesquisas focando a prática teológica e espiritualidades específicas, frequentemente ligadas a questões contemporâneas ou históricas. Esse foco em espiritualidade demonstra um interesse crescente em reconectar práticas espirituais antigas com os desafios modernos, indicando uma renovação das abordagens teológicas por parte das discentes.

2 A disparidade de gênero na Área 44 e o "efeito tesoura"

A análise dos dados da Plataforma Sucupira confirma que a área de Teologia continua a refletir uma importante disparidade de gênero. Com 12 mulheres docentes permanentes em comparação a 38 homens, esse cenário espelha de maneira direta a história da teologia como um campo historicamente masculino, voltado sobretudo para a formação do clero. Embora desde a década de 1970 a participação feminina tenha tido um aumento significativo, como discutido no início deste capítulo, as mulheres ainda representam uma minoria.

A presença de apenas 27% de mulheres entre os docentes da Área 44 evidencia a persistência de uma assimetria de gênero que já foi mencionada nos documentos da Capes e em avaliações anteriores da Área 44. Apesar das diversas iniciativas em curso para aumentar a representação feminina, os dados mostram que barreiras institucionais e culturais continuam a limitar a equidade de gênero.

3 Comparações com outras áreas de pós-graduação

Ao comparar a Área 44 com outras áreas da pós-graduação no Brasil, percebe-se um contraste preocupante. Enquanto a área de Teologia é visivelmente composta por homens, o restante da pós-graduação brasileira apresenta uma dinâmica oposta em termos de participação feminina.

De acordo com um estudo publicado pelo *Jornal da Unesp* (Almeida, 2023), as mulheres já constituem a maioria nos programas de pós-graduação *stricto sensu*, representando 54,2% dos matriculados e 58% dos beneficiários de bolsas. Esses dados indicam que, no campo da formação acadêmica, as mulheres têm predominância ou pelo menos igualdade de representação, mas no corpo docente o número de homens é superior ao de mulheres, o que contrasta com a realidade da Área 44, na qual tanto no corpo docente quanto no corpo discente as mulheres ainda continuam sendo a minoria.

Esse desequilíbrio é ainda mais preocupante quando se examina a evolução de outras áreas. O estudo do Laboratório de Estudos sobre Educação Superior (LEES) da Unicamp, mencionado por Almeida (2023), aponta que, embora 51% dos doutorados no Brasil entre 1996 e 2014 tenham sido obtidos por mulheres, o crescimento da presença feminina no corpo docente universitário foi mínimo – apenas 1% no mesmo período (de 44,5% para 45,5%). Esse dado demonstra que, apesar do avanço das mulheres em termos de formação acadêmica, sua ascensão nas carreiras docentes permanece desproporcional, refletindo desigualdades persistentes.

4 O "efeito tesoura" na carreira acadêmica

Um fenômeno bem documentado que ajuda a explicar esse desequilíbrio é o **"efeito tesoura"**, que descreve a diminuição progressiva da participação feminina à medida que se sobe na hierarquia acadêmica. Embora as mulheres sejam maioria nos cursos de pós-graduação, sua presença diminui significativamente quando se trata de cargos de docência e, principalmente, de liderança nas universidades.

Esse efeito cria uma grande disparidade entre o número de mulheres que concluem seus estudos de doutorado e aquelas que conseguem alcançar posições de destaque, como professoras permanentes ou ocupantes de cargos de liderança. Mesmo com as mulheres, segundo a Capes (Almeida, 2023), representando 54,2% dos matriculados na pós-graduação *stricto sensu* e 58% dos beneficiários de bolsas, essa predominância não se traduz em igualdade de oportunidades na carreira docente.

5 Barreiras institucionais e culturais

É fato que a disparidade de gênero nas universidades brasileiras, especialmente na área de Teologia, também está intimamente ligada às barreiras institucionais e culturais que limitam a ascensão feminina. Uma das razões fundamentais para esse desequilíbrio é que os processos de avaliação curricular para a seleção de docentes não levam em consideração as barreiras impostas pela desigualdade de gênero.

Muitas mulheres enfrentam interrupções de carreira relacionadas a responsabilidades familiares, como a maternidade e os cuidados domésticos, que com frequência não são devidamente reconhecidas nos critérios de produtividade e publicações. A cultura acadêmica, centrada em métricas de produtividade altamente competitivas e lineares, tende a desconsiderar essas barreiras, o que penaliza as mulheres em comparação com seus colegas homens[10].

Esse cenário é agravado pela persistência de estereótipos de gênero e dinâmicas de poder enraizadas nas instituições acadêmicas. Em especial, áreas como Teologia e Ciências da Religião, histori-

10. Para aprofundar esse tema, cf. Almeida (2007).

camente dominadas por homens, são resistentes à transformação. Na Área 44 essa resistência é evidente nos dados que mostram que apenas 27% dos docentes permanentes são mulheres. Embora o número seja preocupante, não é incomum em áreas acadêmicas nas quais o academicismo esteve por muito tempo vinculado a papéis clericais e dogmáticos, o que perpetua a exclusão feminina.

6 O "teto de vidro" na ascensão feminina

Outro fator importante que limita a ascensão das mulheres é o conceito de "teto de vidro" (cf. Loden, 1996), que descreve as barreiras invisíveis que impedem a ascensão das mulheres a cargos de poder e liderança. A estrutura acadêmica, que muitas vezes valoriza redes informais de influência e práticas culturais exclusivas, dificulta o acesso das mulheres a posições de prestígio, perpetuando assim o domínio masculino em cargos de chefia e nas decisões institucionais.

A combinação do "efeito tesoura" e do "teto de vidro" resulta em um ambiente em que, embora as mulheres tenham avançado consideravelmente em termos de formação, sua ascensão aos postos mais altos da estrutura acadêmica permanece limitada. Esse fenômeno é, com certeza, uma questão de representatividade, e ele afeta diretamente a produção do conhecimento, que se torna menos diverso e plural na ausência de uma maior participação feminina.

7 O contexto da Área 44 – Ciências da Religião e Teologia

No contexto da Área 44, esse problema se agrava devido à história profundamente masculina dessas disciplinas. Embora haja esforços da Capes para reverter essa situação, como a recomendação de que os programas de pós-graduação incluam pelo menos 20% a 30% de mulheres no corpo docente, o ritmo das mudanças ainda é lento. As políticas afirmativas precisam ser mais incisivas para garantir que as barreiras estruturais e culturais sejam efetivamente combatidas e que a presença feminina nos programas de pós-graduação se reflita em sua ascensão a cargos docentes e de liderança. Veja no Gráfico 1 a distribuição de docentes por gênero e área de formação apenas na Área 44.

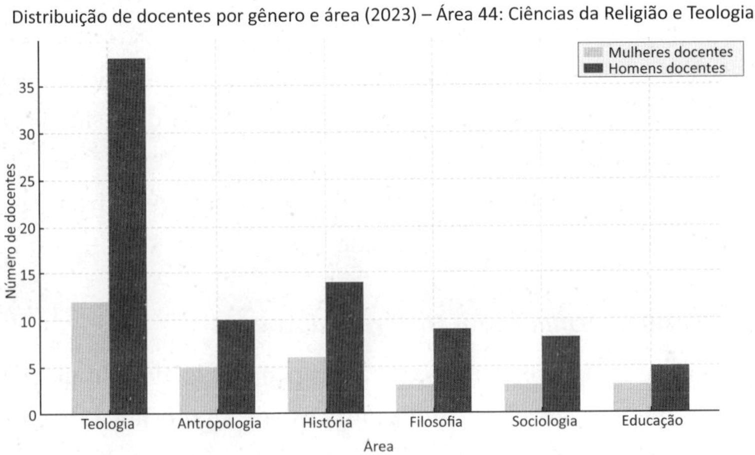

Gráfico 1 – Fonte: Plataforma Sucupira – dados de 2023.

Percebemos no gráfico que a área de Teologia, com 12 mulheres docentes em comparação a 38 homens, reflete uma importante disparidade de gênero. Sem dúvidas, esse cenário se conecta diretamente com a história da teologia como um campo historicamente masculino, voltado sobretudo à formação do clero. É fato que desde a década de 1970 houve um aumento significativo da participação feminina, como já discutido, mas os dados mostram o quanto as mulheres ainda representam uma minoria. A presença de apenas 27% de mulheres nessa área confirma a persistência de uma assimetria de gênero, que foi mencionada nos documentos Capes e na avaliação da Área 44. Embora existam muitas iniciativas para aumentar a representação feminina, os números indicam que as barreiras institucionais e culturais continuam a limitar a equidade de gênero.

7.1 Docentes formados em Antropologia na Área 44

Na Antropologia, a proporção de 5 mulheres para 10 homens indica que, embora o campo seja predominantemente masculino, a disparidade de gênero é menos acentuada em comparação com a Teologia. A Antropologia, sendo um campo mais recente e com uma abordagem crítica e interdisciplinar, pode ter oferecido maior espaço para a entrada de mulheres. Ainda assim, as barreiras permanecem evidentes, refletindo o fato de que, mesmo em áreas que tradicionalmente exploram a diversidade humana, a diversidade de gênero no corpo docente ainda é insuficiente. Esse cenário ressalta a necessidade de uma abordagem mais inclusiva e equitativa no recrutamento de mulheres para a academia.

7.2 Docentes formados em História na Área 44

A área de História apresenta uma proporção de 6 mulheres para 14 homens, revelando uma disparidade significativa. Embora a História tenha se aberto à participação feminina mais cedo do que outros campos, os dados indicam que a produção acadêmica e o corpo docente nessa área ainda são marcados pela predominância masculina. Esse padrão se alinha à análise histórica apresentada ao longo deste capítulo, em que campos tradicionalmente dominados por homens, como a Filosofia e a Teologia, enfrentam dificuldades em incorporar as perspectivas femininas de maneira equitativa. A introdução de mais mulheres nesse campo pode trazer novas visões e interpretações históricas, diversificando o conhecimento produzido.

7.3 Docentes formados em Filosofia na Área 44

Na Filosofia, a disparidade é ainda mais evidente, com uma relação de 3 mulheres para 9 homens. A Filosofia, sendo uma das áreas mais antigas do conhecimento ocidental, historicamente resistiu à inclusão de mulheres. Isso reforça a tradição de espaços acadêmicos patriarcais e as dificuldades que as mulheres enfrentaram e continuam a enfrentar para acessar e progredir nesse campo. O acesso tardio das mulheres à educação superior em Filosofia no Brasil reflete essas barreiras, e as dificuldades enfrentadas por elas também têm impacto na Teologia, dado o estreito vínculo entre esses campos de estudo. A Filosofia, com sua longa história de exclusão, precisa incorporar mais mulheres para corrigir esse desequilíbrio e enriquecer o debate acadêmico com novas perspectivas.

7.4 Docentes formados em Sociologia na Área 44

Na Sociologia, a proporção de 3 mulheres para 8 homens também revela uma disparidade de gênero, embora não tão acentuada quanto nas áreas de Teologia e Filosofia. Sendo um campo que tradicionalmente aborda questões sociais e desigualdades, seria esperado que a Sociologia tivesse uma maior inclusão feminina. No entanto, os números indicam que a representação feminina ainda está aquém do ideal. Para que a Sociologia alcance seu potencial em termos de abordar e compreender as complexidades sociais, é fundamental que mais mulheres sejam incluídas no corpo docente e nas pesquisas acadêmicas.

8 Conclusão e perspectivas futuras

A análise da presença das mulheres nos estudos de Teologia e Ciências da Religião no Brasil revela um quadro de desigualdade de gênero que persiste apesar dos avanços alcançados ao longo das últimas décadas. A resistência institucional, cultural e histórica à inclusão feminina no campo acadêmico teológico ainda é evidente, como demonstram os números limitados de mulheres no corpo docente e em posições de liderança. A realidade é desafiadora, e o caminho para a plena equidade de gênero nesse campo ainda exige muitos esforços no que diz respeito tanto a políticas afirmativas quanto à transformação cultural dentro das universidades e instituições religiosas.

No entanto, os dados também indicam uma oportunidade para mudanças reais. A crescente participação feminina nos programas de pós-graduação em outras áreas acadêmicas no Brasil, bem como o fato de que mais mulheres estão ingressando na área de Teologia e Ciências da Religião, são sinais promissores de que é possível superar essas barreiras. Cada vez mais mulheres estão desafiando as tradições patriarcais e ocupando espaços que antes lhes eram negados.

As pioneiras que abriram caminho para a presença feminina na teologia brasileira – Ana Maria Tepedino, Tereza Maria Pompéia Cavalcanti e Maria Clara Bingemer, entre outras – mostram que, com persistência e dedicação, é possível transformar a realidade. Essas mulheres romperam barreiras e contribuíram de maneira decisiva para a construção de um campo teológico mais inclusivo e diverso. Hoje, cabe às novas gerações de acadêmicas continuar essa trajetória, não apenas para afirmar sua presença, mas também para enriquecer o debate teológico e contribuir com novas perspectivas que incluam a diversidade de experiências humanas.

Para as mulheres que aspiram a ingressar ou já estão envolvidas nos estudos acadêmicos em Teologia e Ciências da Religião a mensagem é clara: sua presença e participação são fundamentais para que o campo se torne mais equitativo e plural. O caminho pode ser árduo, mas os avanços já alcançados provam que as mudanças são possíveis. Políticas afirmativas, como as recomendadas pela Capes, e uma conscientização crescente sobre as desigualdades de gênero são ferramentas importantes que devem continuar a ser utilizadas e aprimoradas para que mais mulheres possam ingressar e prosperar nas carreiras acadêmicas.

É importante, também, que as instituições acadêmicas e religiosas se comprometam efetivamente com essas transformações. Isso inclui garantir condições equitativas para as mulheres, considerando as especificidades das suas trajetórias, como a maternidade e outras responsabilidades familiares, nos processos de avaliação e promoção. A criação de redes de apoio, mentorias e espaços de diálogo entre mulheres acadêmicas também é uma forma eficaz de fortalecer a presença feminina nas universidades.

Em termos de perspectivas futuras, o otimismo reside no poder coletivo das mulheres em transformar essa realidade. À medida que mais mulheres ingressam nos cursos de graduação e pós-graduação, mais vozes serão ouvidas, e mais perspectivas serão incluídas na produção de conhecimento. A diversidade é essencial para um desenvolvimento acadêmico saudável e dinâmico, e é fundamental que os espaços acadêmicos sejam construídos com essa pluralidade em mente.

Portanto, a mensagem final é de encorajamento: às mulheres que estão trilhando ou pretendem trilhar esse caminho, saibam que sua presença é vital para a construção de uma teologia e de ciências da religião que reflitam melhor a diversidade da sociedade. Cada conquista é um passo importante rumo à igualdade, e cada nova voz feminina que se ergue contribui para a criação de uma academia mais inclusiva e justa. As barreiras existem, mas a força coletiva, o apoio mútuo e o compromisso com o avanço podem mudar essa realidade.

O futuro da teologia e das ciências da religião será mais diverso, inclusivo e plural à medida que mais mulheres se juntarem à luta pela equidade. Que essas novas gerações de acadêmicas se inspirem nas pioneiras que vieram antes e continuem a abrir caminhos para um campo acadêmico onde todas as vozes tenham espaço para ser ouvidas.

Referências

ALMEIDA, L. S. Mãe, cuidadora e trabalhadora: as múltiplas identidades de mães que trabalham. *Revista do Departamento de Psicologia – UFF*, Niterói, v. 19, n. 2, p. 411-422, 2007.

ALMEIDA, L. S. Por que as mulheres são maioria na pós-graduação, mas ocupam menos da metade dos cargos de docência nas universidades? *Jornal da Unesp*, São Paulo, 3 mar. 2023. Disponível em: https://jornal.unesp.br/2023/03/03/por-que-as-mulheres-sao-maioria-na-pos-graduacao-mas-ocupam-menos-da-metade-dos-cargos-de-docencia-nas-universidades – Acesso em: 6 set. 2024.

FUNDAÇÃO COORDENAÇÃO DE APERFEIÇOAMENTO DE PESSOAL DE NÍVEL SUPERIOR (CAPES). *Documento de Área*: Área 44: Ciências da Religião e Teologia. Brasília, DF: Ministério da Educação, 2019. Disponível em: https://www.gov.br/capes/pt-br/centrais-de-conteudo/ciencia-religiao-teologia-pdf – Acesso em: 29 abr. 2025.

FUNDAÇÃO COORDENAÇÃO DE APERFEIÇOAMENTO DE PESSOAL DE NÍVEL SUPERIOR (CAPES). *Documento Orientador de APCN*: Área 44: Ciências da Religião e Teologia. Brasília, DF: Ministério da Educação, 2021. Disponível em: https://www.gov.br/capes/pt-br/centrais-de-conteudo/documentos/avaliacao/CIENCIA_RELIGIAO_TEOLOGIA_APCN_21.pdf – Acesso em: 6 ago. 2024.

FURLIN, N. A produção acadêmica de mulheres professoras no campo do saber teológico: sujeição ou subjetivação ética? *Educação e Pesquisa*, São Paulo, v. 47, p. 1-20, 2021.

LODEN, M. *Implementing diversity*. Nova York: McGraw-Hill Professional, 1996.

MORAES, A. O. Entre mistério divino e humano: cinquenta anos de pesquisa teológica na PUC-Rio. *Atualidade Teológica*, Rio de Janeiro, v. 21, n. 61, p. 149-179, 2019.

Plataforma Sucupira. Disponível em: https://sucupira.capes.gov.br/observatorio/teses-e-dissertacoes?ano-base=2023&nome-sub-tipo-producao=1|2&nome-grande-area conhecimento=CI%C3%8ANCIAS+HUMANAS&nome-area-avaliacao=CI%C3%8ANCIAS+DA+RELIGI%C3%83O+E+TEOLOGIA&search=&size=20&page=1 – Acesso em: 13 ago. 2024.

SAMPAIO, D. S. Ciências da Religião e Teologia como área autônoma: reconfiguração do debate epistemológico, novos desafios e perspectivas para o estudo das (não) religiões e da(s) espiritualidade(s). *Horizonte – Revista de Estudos de Teologia e Ciências da Religião*, Belo Horizonte, v. 17, n. 53, p. 890-914, 2019.

SOUSA, C. P. Gênero e universidade no Brasil: acesso ao ensino superior e condição feminina no meio universitário. *In*: GARCÍA, C. F.; PALERMO, A. I. (orgs.). Mujeres y universidad en España y America Latina. Buenos Aires/Madri: Miño y Dávila, 2008. v. 1. p. 153-171.

STERN, F. L. A criação da área de avaliação ciências da religião e teologia na Coordenação de Aperfeiçoamento de Pessoal de Nível Superior (Capes). *Espaços – Revista de Teologia e Cultura*, São Paulo, v. 26, n. 1, p. 73-91, 2019.

3

O corpo como elemento constitutivo do fazer teológico

Suzana Regina Moreira

1 Introdução

Pouco ainda se fala sobre o fazer teológico das mulheres no Brasil. Além disso, mesmo quando estudamos metodologias teológicas na academia, pouco se discute sobre o que seria o fazer teológico em si. Como a maioria das pessoas que faz teologia é de homens cis, heterossexuais e brancos que estão acostumados a viver num mundo construído para eles, poucos se questionam sobre como fazem o que fazem. Para nós mulheres é mais comum pensar sobre o fazer teológico, pois nenhum espaço nos é dado, temos que ir conquistando-os aos poucos, e em cada espaço que conseguimos conquistar temos que constante e continuamente justificar como e por que fazemos o que fazemos. No entanto, refletir sobre o fazer teológico é uma tarefa necessária e fundamental, independentemente de gêneros.

O que seria o fazer teológico? Quem pensa a teologia? Quem pratica a teologia? Quem ensina a teologia? Para todas essas perguntas, a resposta será sempre uma pessoa corpo-espírito-alma. Uma pessoa humana integral que faz parte de uma história específica, um contexto específico, uma comunidade específica. Tudo isso influencia sua forma de fazer teologia.

Outro ponto importante para destacar é a especificidade do fazer teológico no contexto latino-americano e caribenho, onde o Brasil se encontra. Somos o maior continente católico do mundo devido à colonização pelas coroas católicas espanhola e portuguesa. Porém, a história da teologia em nosso continente não se limita ao contexto católico. São vários atravessamentos cristãos e não cristãos que perpassam o desenvolvimento teológico em nosso território; porém, ainda em pleno século XXI, apenas o fazer teológico cristão e predominantemente católico é visibilizado.

Minha intenção aqui não é abranger toda a complexidade desses contextos teológicos sobre os quais pisamos e com os quais transitamos em nosso país. Gostaria apenas de compartilhar algumas luzes sobre a forma como o fazer teológico foi se dando no Brasil e como, graças ao fazer teológico das mulheres, passou a ser dada mais devida importância à corporeidade. Afinal de contas, o próprio título deste capítulo não se refere a apenas um corpo, ou um ideal de corpo, mas aos corpos e às "corpas", à diversidade da experiência humana encarnada que Deus criou e através da qual se revela.

2 Corpos de homens fazendo teologia no Brasil

Historicamente, quem faz teologia no Brasil? A introdução dos jesuítas e a criação de instituições de ensino na América Latina marcaram o início do estudo da teologia cristã no nosso país. Durante a colonização, a teologia era predominantemente uma prática europeia. Com a chegada de mais colonizadores, as ordens religiosas estabeleceram institutos para formar missionários, replicando a teologia europeia e focando a formação eclesiástica.

Esse contexto gerou uma teologia eurocêntrica e hegemônica, desconectada das realidades locais. O resultado foi um dualismo que desconsiderava o corpo humano e toda a matéria, impactando a forma como a experiência de Deus era compreendida e pensada.

Desde os relatos da criação em Gênesis até o Apocalipse, a forma como a Bíblia é lida já apresenta um dualismo que legitima a opressão das mulheres ou a idealização de uma feminilidade estereotipada. As interpretações que colocam o homem em posição de supremacia sobre a mulher persistiram ao longo dos séculos, e muitas delas ainda estão presentes hoje. O corpo de Eva, entendido como derivado do corpo do homem, é visto de forma inferior e negativa, associando-a ao pecado e à origem do mal.

Esse legado dualista no cristianismo desprezou a corporeidade humana, especialmente a feminina. Eva não é reconhecida como portadora da vida, mas como a responsável pelo pecado, refletindo um medo patriarcal em relação à mulher. Essa visão distorcida gera um receio da sexualidade, levando inclusive ao equívoco comum de se pensar que o desejo sexual é pecado. A teologia e a moral que emergiram dessa perspectiva masculina acentuaram uma demonização da figura feminina, associando o sexo e a sexualidade à mulher de forma negativa. Essa rejeição à sexualidade implicou também a rejeição da mulher, perpetuando estigmas que continuam a afetar a percepção da mulher na teologia e na sociedade.

Um novo paradigma surgiu com o Concílio Vaticano II, enfatizando a dignidade do ser humano, especialmente em situações de injustiça. A antropologia teológica passou a valorizar a experiência humana de Deus, reconhecendo Cristo como a revelação máxima do ser humano, e vários processos foram surgindo para tentar superar os dualismos no pensamento teológico. Na América Latina e no Caribe, de forma especial no Brasil, os desenvolvimentos da teologia (ou teologias) da libertação foi um sinal evidente e concreto da possibilidade de outros caminhos para o fazer teológico. Partindo da opção preferencial pelos pobres, o fazer teológico passou a escutar o grito dos pobres, o grito dos corpos que sofrem nas mãos dos poderosos e do sistema de injustiças estruturais.

Entretanto, as estruturas de injustiça racial e de gênero seguiram existindo tanto na sociedade quanto na Igreja e na teologia. A própria categoria de "pobres" ficou como algo desencarnado, pois não havia tanta preocupação com a corporeidade em si e suas implicações. Que pobres são esses? Quem são os excluídos da sociedade? Os brancos, magros, cis masculinos? Ou as pessoas negras, indígenas, gordas, trans femininas? Tanto que, entre as diversas críticas à teologia da libertação, vale destacar duas: surgiu como uma teologia feita por homens cis, e predominantemente brancos.

A figura masculina historicamente foi associada à razão e à divindade, fazendo com que os homens se vissem mais próximos de Deus do que as mulheres. Por mais que houvesse vários aliados às causas das mulheres, superar essas estruturas na prática do pensamento era e ainda é desafiador. Vemos as repercussões dessa lógica de pensamento até hoje. As imagens masculinas de Deus tornaram-se tão arraigadas que as vozes femininas são frequentemente rejeitadas ao tentarem ressaltar simbologias femininas de Deus ou linguagens sobre o divino em chave feminina.

Essa cristalização do discurso sobre Deus prejudica não apenas as mulheres, mas toda a humanidade, uma vez que separa o que deveria ser integrado – a saber, uma visão transexual sobre Deus, no sentido de que transita pelas diversas experiências de gêneros, seja homem, seja mulher, seja não binário. Para uma abordagem mais integral do fazer teológico, a perspectiva feminista torna-se essencial, uma espécie de abre-alas que permite um despertar para realidades concretas dos corpos que fazem teologia.

3 Corpos de mulheres fazendo teologia no Brasil

Foi ainda no contexto primaveral do Concílio Vaticano II que as mulheres começaram a conseguir aceder ao estudo teológico acadêmico. Consistiu num processo gradual que, por sua vez, foi gerando também a demanda de criar espaços para acolher as mulheres que se formavam em Teologia, já que as possibilidades de campo de trabalho eram todas para os homens. Porém, constantemente a presença dos corpos de mulheres nos espaços da teologia gerava incômodos, devido ao estranhamento em relação a esses corpos femininos, que nunca foram enxergados como pares.

A Igreja da América Latina começou a ouvir a voz das mulheres há menos de 50 anos. Tanto na Igreja quanto na teologia ainda lutamos para sermos ouvidas de verdade. Antes da II Conferência do Conselho Episcopal Latino-Americano e Caribenho (Celam), em Puebla, as mulheres no contexto teológico eram vistas como meros objetos de atenção. Um grande avanço da teologia feminista foi promover a transição das mulheres de objeto para sujeito, reconhecendo-as como agentes ativas na reflexão teológica e na busca por participação plena na sociedade.

À medida que as mulheres latino-americanas começaram a se reconhecer, perceberam os locais de opressão que enfrentavam. A sexualidade foi utilizada como uma ferramenta de poder, imposta por homens que exigiam submissão. Essa conscientização também fez com que as mulheres questionassem as autoridades e a legislação da Igreja, que muitas vezes ignoravam suas vozes, revelando verdades distantes da realidade cotidiana.

Aqui é importante diferenciar a teologia feita por mulheres da teologia feminista. Mesmo quando as mulheres começam a ser ouvidas, para nós mesmas é também um processo de desconstrução conseguir enxergar as estruturas do fazer teológico machista patriarcal que nos foi ensinado. A teologia feminista ajuda justamente nesse processo.

Ana Maria Tepedino e Elsa Tamez descrevem o surgimento da teologia feminista na América Latina como um movimento histórico, destacando que, na década de 1970, as mulheres começaram a assumir um papel central na teologia, representando tanto sua classe social quanto seu gênero. Já a década de 1980 trouxe críticas à teologia da libertação, e também houve o surgimento de organizações evangélicas que refletiam sobre as estruturas patriarcais presentes nas igrejas, quando começa a se destacar também o caráter ecumênico e sororal da teologia feminista nas Américas.

Durante a década de 1990, a teologia feminista expandiu suas reflexões em resposta a eventos globais e crises sociais. As teólogas perceberam que era necessário não apenas abordar a perspectiva feminina, mas também trabalhar com teorias de gênero e buscar uma linguagem mais inclusiva que desestigmatizasse o termo "feminista". Diversos encontros sobre teologia a partir da perspectiva da mulher foram promovidos, especialmente pela Asociación Ecuménica de Teólogos/as del Tercer Mundo (Asett). Contudo, foi na década de 1990 que o número de mulheres formadas em Teologia aumentou significativamente. Após o II Encontro de Teólogas Latino-Americanas, notou-se um avanço em relação ao primeiro encontro, com muitas mulheres obtendo doutorados.

A criação da Associação de Teólogas e Pastoras da América Latina e Caribe, em 1990, marcou um importante passo no desenvolvimento da teologia feminista na região. Essa trajetória foi impulsionada tanto pela luta feminista quanto pela defesa dos direitos humanos, destacando que o que é benéfico para mulheres marginalizadas também é positivo para todos. Em 2017, essa associação foi relançada como a Red de Teólogas, Pastoras, Activistas y Lideresas (RedTepali).

A partir desses processos, a hermenêutica feminista foi sendo construída, caracterizando-se pela centralidade da Bíblia, reinterpretada a partir das experiências concretas das mulheres. Essa abordagem inclui a contemplação e a celebração da fé, além de enfatizar a teologia comunitária. Ana Maria Tepedino descreve a metodologia da hermenêutica feminista em quatro etapas: questionar o texto, proclamar uma hermenêutica libertadora, redescobrir a história das mulheres na Bíblia e reelaborar criativamente com base no contexto histórico.

Essa base teológica vai além da Bíblia, reconhecendo e denunciando a realidade patriarcal da Igreja, proclamando a libertação das mulheres vulneráveis e fundamentando o conhecimento nas experiências vividas, buscando assim a transformação social e espiritual. Parafraseando Angelica Tostes: a maioria das mulheres e pessoas com útero escrevem teologia com sangue, e não por opção. Nós damos nosso sangue pela teologia. Nosso fazer teológico é sangrento e, mesmo para aquelas que não sangram, é um fazer teológico com suor, lágrimas e hormônios mais cíclicos do que o ciclo hormonal dos homens. Isso significa viver num mundo construído por homens e para homens, mas mesmo assim se levantar da cama com a garra de construir novos mundos onde todas as pessoas possam ter acesso a uma vida digna.

Por essa razão, a conscientização da opressão feminina confere um caráter político à teologia feminista, transformando-a em um movimento revolucionário. Nós mulheres, que frequentemente sustentamos trabalhos nas comunidades cristãs, integramos nossas "corpas" ao compromisso social, refletindo uma resistência contra sistemas opressivos. Isso evidencia a luta pela dignidade e a busca por transformação para construir o Reino de Deus aqui e agora.

Com o fortalecimento do compromisso social, nós mulheres rejeitamos os papéis impostos pela sociedade patriarcal e buscamos ser protagonistas de nossas próprias vidas. Reivindicamos o reconhecimento de nossas capacidades intelectuais e a participação plena na esfera pública, não nos limitando a estereótipos de sensibilidade e intuição, como a mulher costuma ser vista.

4 Consequências dos corpos de mulheres para toda a teologia

A hermenêutica feminista integra perspectivas regionalistas e universalistas, buscando desconstruir discursos homogêneos e unidimensionais. Em outras palavras, ao partir da experiência concreta da mulher em seu devido contexto, é capaz de dizer algo também sobre a condição da mulher e de toda a humanidade, sem querer por sua vez absolutizar sua perspectiva universal. Ela reconhece a realidade econômica e cultural das mulheres, ao mesmo tempo que promove uma compreensão da humanidade que valoriza a igualdade e a interdependência. A partir das experiências concretas das mulheres, essa teologia abre caminhos para um novo entendimento da condição humana.

Essa abordagem parte das vivências de corpos historicamente oprimidos e subjugados, enfatizando a importância dos corpos não homem cis na teologia. Inserir os corpos das mulheres como sujeito ativo na Igreja desafia a hegemonia cis hétero masculina e enriquece a reflexão teológica. O corpo se torna um ponto central para o fazer teológico, permitindo uma nova maneira de entender a experiência de Deus.

A hermenêutica feminista promove uma releitura bíblica que revela experiências de opressão mais intensas, permitindo que as mulheres descubram um Deus que é amor e compaixão. Essa abordagem não só resgata a sexualidade, mas também reintegra o erótico na reflexão teológica, reconhecendo a força vital das emoções na vida humana. Destaco alguns casos específicos: as figuras de Eva e Maria, os relatos da Paixão e da Ressurreição, e a cristologia a partir dos corpos maternos.

A reinterpretação de figuras bíblicas como Eva e Maria evidencia a necessidade de desmantelar narrativas opressivas. Eva é portadora de vida, capaz de tomar decisões sobre suas próprias ações, feita da mesma matéria que Adão e não de outra matéria secundária. Enquanto a figura de Maria foi idealizada de maneira a perpetuar a submissão feminina, a hermenêutica feminista resgata sua força e resistência, destacando sua capacidade de dizer, pensar e agir por conta própria. Ela questiona o anjo, ela diz sim a Deus e não às injustiças, ela observa e dá ordens ao Filho, ela fica de pé mesmo diante da morte.

Os relatos da Paixão e da Ressurreição também são reinterpretados, reconhecendo as mulheres como porta-vozes do Ressuscitado. Essa igualdade no discipulado é fundamental para libertar as mulheres das estruturas patriarcais que ainda dominam as comunidades religiosas.

Os corpos maternos são capazes de gerar e nutrir a vida, assim como a Eucaristia. São por excelência corpos crísticos ou corpos eucarísticos. E os corpos maternos que assumem a vida que geram vivem uma *kênosis* para o resto de suas vidas, um esvaziamento de si para entregar-se totalmente ao fruto de seu amor que foi gerado em seu ventre. Fazem falta mais reflexões sobre uma cristologia feminista.

Ainda assim, a teologia feminista traz uma importante contribuição ao superar a desconfiança em relação ao corpo, reconhecendo-o como parte essencial do ser humano em sua vivência e resgatando seu valor intrínseco. O corpo humano não é apenas uma combinação biológica de fluidos, órgãos e membros, mas também incorpora a história, as circunstâncias, as escolhas, os pensamentos, os medos, os erros, os prazeres e as dores de cada pessoa. Sua vulnerabilidade é uma parte fundamental da experiência humana, refletindo a condição de ser criatura, finita e dependente do mundo que habitamos. Esse reconhecimento da vulnerabilidade como um *locus theologicus* não é exclusivo da teologia feminista, mas acaba lhe sendo particular pelas injustiças que afetam os corpos das mulheres, injustiças que a própria teologia vigente reproduz.

A teologia feminista ajuda a articular corporeidade, cultura, e dimensões econômicas e políticas para evitar cair em erros de reducionismo teórico. Teologias ecofeministas, negras, indígenas e decoloniais são essenciais para uma abordagem mais inclusiva e justa, respeitando a diversidade das experiências humanas.

5 Corpos fazem teologia: desafios que permanecem para uma teologia encarnada

Diante das estruturas de injustiça, o corpo, que é ao mesmo tempo frágil e extraordinário, é frequentemente objetificado, controlado, julgado e negligenciado. As interpretações oriundas de uma antropologia homogênea e unidimensional, fruto da teologia eurocêntrica patriarcal machista, tendem a ver o corpo como um objeto, desconectado da pessoa, uma vez que é parte da realidade material, frequentemente desvalorizada em contraste com a exaltada realidade espiritual.

Contudo, cada experiência singular revela a universalidade da finitude e da vulnerabilidade humana. A vivência da dor, frente a sofrimentos, a injustiças e à morte, nos une enquanto seres humanos. Muitas vezes, essa dor nos silencia, mas aprendemos a expressá-la quando a sentimos em nosso corpo, em nossa história, ou ao percebermos a dor do outro em nossas relações. Dessa forma, a fragilidade do corpo pode ser vista de maneira positiva, no sentido em que a vulnerabilidade é inerente à condição de criatura. Contudo, também há uma dimensão negativa dessa fragilidade e vulnerabilidade dos corpos, quando são resultado das injustiças que impõem as condições para vulnerabilidades.

Essa confusão é mais uma consequência do dualismo presente em uma antropologia androcêntrica e essencialista. A teologia feminista busca novos caminhos para libertar os corpos femininos e suas vulnerabilidades, não para afirmar a autonomia dos corpos como expressão de individualismo, mas para romper com os dualismos que sustentam as opressões. Esse dualismo nos paralisa e nos divide, levando à falsa dicotomia entre o coletivo e o individual, a paixão e a razão, a técnica e a sensibilidade. Falar sobre a libertação dos pobres e a opção preferencial por eles requer também uma abordagem da libertação integral que abarca o corpo, as raças, os gêneros e a terra. Essa perspectiva é essencial para enfrentarmos as diversas estruturas de injustiça presentes em nossa sociedade.

Deveria ser óbvia a premissa do corpo como ponto de partida para o fazer teológico, afinal de contas afirmamos nossa fé na encarnação do Filho de Deus. Se fazer teologia é pensar sobre a experiência de Deus, deveria ser pensar sobre seu corpo encarnado e nós como corpos que encarnam sua missão. O corpo é lugar da revelação de Deus, não só pelo corpo do próprio Jesus Cristo, mas pelos nossos corpos, que assumem a missão de Cristo hoje. Porém, assumir as consequências de tal premissa da fé continua sendo um desafio.

Conforme aprofundamos nossa compreensão da corporeidade de Jesus Cristo e de suas relações com as pessoas de sua época, assim como sua relação com o Pai e o Espírito, é possível aprofundar também nossa compreensão sobre a interligação com todos os seres e a criação. Deus Trindade se revela através do corpo do Filho, um corpo que chora, que ri, que bebe, que abraça, que toca e que fala com as pessoas rejeitadas em sua época. Um corpo que contempla a criação e que, através de sua relação com o mar, com a montanha, com as flores, dialoga com o Pai e nos revela o seu reino. Um corpo frágil e que pela sua fragilidade é capaz de tornar-se a maior fortaleza para todo o cosmos.

Reconhecer a pluralidade dos corpos, suas vulnerabilidades e denunciar suas opressões é entender esses corpos como espaços de interpretação e leitura do mundo e de suas relações. Discutir a corporeidade e a vulnerabilidade como um lugar teológico nos leva de volta à lógica kenótica da Encarnação. Não só há um esvaziamento de si, um movimento do eterno se submetendo ao finito, mas também há uma glorificação que eleva e dignifica nossa condição limitada. Assim, a vulnerabilidade humana, em sua corporeidade, é resgatada e abraçada pela divindade, refletindo uma integração profunda entre o humano e o divino, reafirmando que a fragilidade, a corporeidade, é parte essencial da experiência de ser humano.

Nos desdobramentos das teologias da libertação, essa corporeidade vulnerável e frágil também se destaca como um elemento central na busca pela libertação das violências e opressões históricas. A teologia negra surge a partir da constatação da violência contra os corpos negros, que revela as estruturas de injustiça enraizadas na sociedade. Por outro lado, a teologia indígena reconhece o corpo como território sagrado e parte integral da cosmovisão, enfatizando a interconexão de todo o cosmos. Teologias como a ecofeminista e a ecoteologia também trabalham integrando o corpo humano nas redes de interdependência cósmica e afirmando que a libertação dos corpos oprimidos está intimamente ligada à libertação da Terra.

Recuperar os corpos nas teologias é essencial para reorientar o fazer teológico para a lógica da Encarnação e da economia salvífica. Por isso o fazer teológico não é apenas teoria ou metodologia, mas também a vida concreta, nossa própria encarnação da missão de Cristo, assumindo as dores dos corpos marginalizados assim como Ele o fez. Porém, enquanto houver teologias que continuam tentando se autoafirmar como legítimas e oficiais, não conseguiremos superar as generalizações, as homogeneizações, os universalismos absolutos. O fazer teológico precisa resgatar uma cosmovisão integral que considera o corpo um sujeito livre e responsável. Reafirmar a dignidade e a sacralidade dos corpos em suas lutas e resistências, mas também a dignidade e a sacralidade do ordinário e cotidiano dos corpos, é caminho para enxergar a Encarnação de

Cristo e a revelação divina com novos olhos hoje. Devemos buscar viver uma teologia encarnada, sentida e experimentada pelo corpo a todo momento.

Referências

BINGEMER, M. C. Eucaristia e o corpo feminino: presença real, transubstanciação, comunhão. *Perspectiva Teológica*, Belo Horizonte, ano 3, n. 5, p. 109-147, 1999.

BINGEMER, M. C. *Latin American theology*: roots and branches. Maryknoll: Orbis Books, 2016.

BINGEMER, M. C. Mujeres en el camino de la salvación: rumbo hacia un mundo más justo. *In*: AQUINO, M. P.; TEPEDINO, A. M. (eds.). *Entre la indignación y la esperanza*: teologia feminista latinoamericana. Bogotá: Indo-American Press Service, 1998. p. 181-189.

BINGEMER, M. C.; GEBARA, I. *Maria, mãe de Deus e mãe dos pobres*: um ensaio a partir da mulher e da América Latina. Petrópolis: Vozes, 1987. t. XIII, série IV.

CALDEIRA, C. Da Europa à América Latina: a vulnerabilidade como *locus theologicus*. *Perspectiva Teológica*, Belo Horizonte, v. 50, n. 2, p. 307-323, 2018.

CALDEIRA, C. Teologia e niilismo pós-moderno: a subjetividade vulnerável como *locus theologicus* no pensamento de Carlos Mendoza Álvarez. *Pistis e Práxis*, Curitiba, v. 9, n. 3, p. 810-838, 2017.

DUSSEL, H. Hipóteses para uma história da Teologia na América Latina (1492-1980). *In*: *História da Teologia na América Latina*. São Paulo: Paulinas, 1981. p. 165-189.

GEBARA, I. Corporeidade e gênero: uma perspectiva ecofeminista. *In*: SOCIEDADE DE TEOLOGIA E CIÊNCIAS DA RELIGIÃO (SOTER) (org.). *Corporeidade e teologia*. São Paulo: Paulinas, 2005.

GEBARA, I. *Mulher, religião e poder*: ensaios feministas. São Paulo: Terceira Via, 2017.

GEBARA, I. *Teologia urbana*: ensaios sobre ética, gênero, meio ambiente e a condição humana. São Paulo: Fonte Editorial, 2014.

LOPEZ, M. M. Nuestro cuerpo es lugar de revelación: teologia afro-americana, aportes metodológicos y epistemológicos. *In*: PREISWERK, M. *et al. Teologias de Abya-Yala y formación teológica*: interaciones y desafios. Bogotá: CETELA, 2004. Disponível em: https://www.academia.edu/39351600/Nuestro_cuerpo_es_lugar_de_revelaci%C3%B3n_Teolog%C3%ADa_Afro_americana_aportes_metodol%C3%B3gicos_y_epistemol%C3%B3gicos – Acesso em: 29 abr. 2025.

TAMEZ, E. Hermenéutica feminista latinoamericana: una mirada retrospectiva. *In*: AQUINO, M. P.; TEPEDINO, A. M. (eds.). *Entre la indignación y la esperanza*: teologia feminista latinoamericana. Bogotá: Indo-American Press Service, 1998. p. 41-60.

TEPEDINO, A. M. La mujer y la teología en América Latina: antecedentes históricos. *In*: AQUINO, M. P.; TEPEDINO, A. M. (eds.). *Entre la indignación y la esperanza*: teologia feminista latinoamericana. Bogotá: Indo-American Press Service, 1998. p. 13-40.

TOSTES, A. A teologia sem corpo: por uma teopoética feminista. *Reflexus*, Vitória, v. 12, n. 19, p. 73-86, 2018.

4

A experiência teologal originante e a "recepção" feminina

Maria Clara Bingemer

Não me importa a palavra, esta corriqueira.
Quero é o esplêndido caos de onde emerge a sintaxe,
os sítios escuros onde nasce o "de", o "aliás",
o "o", o "porém" e o "que", esta incompreensível
muleta que me apoia.
Quem entender a linguagem entende Deus
cujo Filho é Verbo. Morre quem entender.
A palavra é disfarce de uma coisa
mais grave, surda-muda,
foi inventada para ser calada.
Em momentos de graça, infrequentíssimos,
se poderá apanhá-la: um peixe vivo com a mão.
Puro susto e terror.
Adélia Prado, "Antes do nome"

A teologia é linguagem segunda, metalinguagem, nascida depois e posteriormente. Como tal, sua identidade está aderida às linguagens iniciais e primeiras da revelação e da fé. Antes da ruptura do silêncio, antes do pronunciar do nome, antes da palavra, antes da criação e da elaboração do discurso teológico, a luz brilha e a *ruach*, o Espírito de Deus, sopra sobre o "esplêndido caos" originário. Deus rompe o silêncio, se "desvela" e se faz linguagem nos patriarcas, nos profetas, nos hagiógrafos, nos homens e mulheres do povo e finalmente no Filho que é Verbo e nascido de mulher, o qual desde o princípio estava junto de Deus e era Deus (Jo 1,3). E o Espírito de Deus, a *ruach* divina – esse vento impetuoso que é nomeado em feminino na Bíblia Hebraica –, a qual desde o princípio soprava sobre as águas, apoderou-se dos profetas e os fez falar, inspirou os hagiógrafos para que narrassem a experiência do povo de Deus e inspirou a homens e mulheres, ensinando-os a rezar, clamar e louvar a Deus como Pai e Mãe, e indicou o reconhecimento de Jesus de Nazaré como o Cristo de Deus, ressuscitado da morte pelo *Abba* para uma vida sem fronteiras e sem limites de qualquer tipo.

O Espírito, *ruach* divina que habita em nós, em todas e cada uma, é a fonte da experiência teologal que abre as portas da intimidade divina ao ser humano e faz daí brotar a adesão da fé e também sua inteligência: a teologia, reflexão organizada e discurso sistemático sobre Deus. A teologia, por conseguinte, está dentro de cada pessoa, às vezes embrionária ou incoada, às vezes oculta, às vezes rejeitada. Mas sempre presente pela *ruach* divina, o Santo Espírito, que habita em nós. Quando é reconhecida e praticada, traz consigo as marcas e diferenças identitárias de cada pessoa que a reconheceu e praticou.

Assim, a teologia feita pelas mulheres traz necessariamente consigo a identidade daquela na qual a *ruach* veio habitar e que a recebeu em seu corpo feminino. Este capítulo procurará destacar alguns elementos identificáveis da "recepção" feminina dessa experiência teologal originante, a qual resultará no discurso teológico das mulheres que por meio dela acedem ao conhecimento e tomam consciência da in-habitação e da inspiração que acontecem em suas vidas.

O peso de um corpo "sedutor" e "ameaçador"

A recepção feminina da revelação do mistério maior da vida divina teve dificuldades em encontrar canais para comunicar o que ouviu e pensou. Foi reprimida ao longo dos séculos no cristianismo e assim também em outras religiões. Tal como com outras áreas do saber, a mulher foi excluída da comunidade teológica enquanto sujeito ativo. Sua própria iliteracia, o fato de não lhe ser facultado o acesso à leitura, situava-a fora do conhecimento que permanecia reservado aos homens. A ela as devoções menores, os afazeres do espaço doméstico e o serviço de tudo e de todos.

Os interditos e preconceitos que pesaram – e ainda pesam – sobre a mulher com relação à religião e ao fazer teológico são muitos. Pesam sobre suas capacidades, sobre suas possibilidades de atuação, sobre o alcance de seu pensamento, sobre seu comportamento. Mas sobretudo sobre seu corpo.

A concepção da identidade e das possibilidades de comunicação pesa sobre os corpos sexuados das mulheres e constitui um tópico cada vez mais importante para a teologia e a reflexão de gênero que dialoga com todos os aspectos da religião. Em um universo no qual a corporeidade visível é quase sempre solidamente masculina, a mulher entra como um elemento perturbador. E essa "perturbação" ocorre, mais do que qualquer outra coisa, por meio de sua corporeidade, que, sendo "outra" do que a do homem, expressa e aponta a experiência de Deus, o pensar e o falar sobre Deus, de uma maneira diferente e desafiadora. O corpo feminino é a condição de possibilidade da maneira pela qual as mulheres se tornam uma interpelação importante quando se fala de espiritualidade, religião, mística e teologia. Esse corpo, no entanto, tem sido frequentemente fonte da discriminação que retardou a entrada e dificulta a presença mais plena e reconhecida da mulher na teologia[11].

---

11. Temos escrito sobre isso em vários artigos e reflexões. Cf. p. ex., Bingemer (2018b), em que se faz uma recolecção de todos esses escritos.

A principal discriminação contra as mulheres dentro do mundo religioso parece estar relacionada a algo mais profundo e muito mais sério do que simplesmente a força física, a formação intelectual ou a capacidade de trabalho. Embora tal coisa seja fato em todas ou quase todas as religiões[12] no âmbito próprio do cristianismo, as igrejas ainda são fortemente marcadas por séculos de patriarcalismo, tão presente na tradição judaica e cristã. O patriarcalismo ancora a superioridade dos homens não apenas em uma base intelectual ou prática, mas no que chamaríamos de base ontológica. Em outras palavras, as mulheres são oprimidas por sua própria identidade mais profunda, na qual a corporeidade é elemento central. Nos últimos anos, a teologia feminista e outras teologias feitas por mulheres[13] buscam superar essa discriminação em seu discurso.

Dentro do marco dessa discriminação corporal há uma associação estreita – em nível teológico – ao fato de que as mulheres são consideradas responsáveis pela entrada do pecado no mundo e pela morte como consequência deste. Por esse motivo, as experiências místicas de muitas mulheres foram frequentemente vistas com desconfiança e suspeita, além de vigilância severa e rigorosa por parte dos homens encarregados de controlá-las e exorcizá-las. Muitas experiências místicas ricas de mulheres verdadeiramente agraciadas por Deus com comunicações muito íntimas permaneceram por longo tempo ignoradas em um universo onde os meios de divulgação permanecem nas mãos de poucos, e casos como o de Teresa de Ávila são exceções que confirmam a regra.

---

12. Dizemos "quase" porque, nas religiões afro-brasileiras, por exemplo, as mulheres chegam aos altos escalões da hierarquia, sendo mães de santo, responsáveis máximas por terreiros etc. Igualmente nas igrejas protestantes começam a haver cada vez mais mulheres bispas. Não é assim nas igrejas católica e ortodoxa.

13. Citamos como exemplo a teologia womanista ou mujerista. A teologia womanista é uma forma de reflexão que se centra nas perspectivas religiosas e morais das mulheres negras. Originou-se nos Estados Unidos entre mulheres afro-americanas, e o termo que a nomeia foi cunhado pela grande poetisa e novelista Alice Walker.

Ao longo da história da Igreja, as mulheres foram mantidas a uma distância prudente do sagrado e de tudo o que está próximo a ele, bem como da liturgia, dos ornamentos rituais e da mediação direta com Deus. Tudo isso requer um corpo "puro", e há muitas dúvidas sobre se as mulheres realmente o têm. Apesar de todos os avanços e progressos feitos quanto à participação feminina em muitos níveis da vida eclesial e religiosa, o estigma de ser a sedutora e inspiradora do medo, a fonte de pecado para a castidade dos homens e o celibato do clero, continua a pesar sobre as mulheres que ousam aspirar a um lugar mais visível na comunidade eclesial, inclusive na vocação teológica[14]. Entre a mulher e o mistério era difícil e raramente reconhecido e legitimado estar em sintonia com a "alta" mística, com as mais profundas experiências de Deus. Pelo contrário, muitas vezes mulheres que faziam essas experiências eram postas sob vigilância estrita por parte de clérigos para isso designados, restando a ela o campo das devoções menores e menos importantes (Certeau, 1970)[15].

Se é possível lutar contra a discriminação intelectual (por meio do acesso aos estudos e à formação) e contra o preconceito profissional (tentando mostrar sua capacidade e se especializando), o que fazer com a própria corporeidade? Mais: o que fazer com essa corporeidade sexuada que deseja, sente e é chamada a refletir e elaborar aquilo que vive e experimenta? O que fazer com a própria vocação teológica?

---

14. Existem também, presentes nas igrejas, grupos de mulheres que reivindicam maior participação nos níveis de decisão eclesiais, inclusive nos ministérios ordenados. Há um grupo constituído de mulheres que reivindicam a ordenação diaconal para a mulher, mas o sínodo que terminou em outubro de 2024 não tomou nenhuma decisão sobre isso.

15. Cf., a respeito disto, Costa (2017), que reflete sobre a análise que Michel de Certeau faz sobre o caso do convento feminino onde, dizia-se, havia freiras possuídas pelo demônio etc. que eram supervisadas por clérigos.

Palavra e Espírito em um corpo perfurado

O mistério do corpo feminino – ao contrário das suspeitas sobre ele lançadas – é vida e fecundidade. Esse corpo é sede da vida, compartilhando de maneira muito especial com o Criador essa identidade. É capaz de gerar outro ser humano, nutri-lo, alimentá-lo, dá-lo ao mundo e continuar alimentando-o, cuidando-o. Como diz a psicanalista búlgara Julia Kristeva (2013, p. 21): "As mulheres tiveram desde sempre uma percepção íntima, germinal e cíclica da beleza renascente de tudo que está vivo porque elas a levam em seu ventre fecundo". Nesse sentido, Kristeva reflete que a corporeidade feminina acompanha a configuração das flores, e igualmente de todas as fêmeas que vivem na criação em sua fertilidade, em sua vitalidade, em sua explosão de vida e de recepção à alteridade. Por isso também são capazes de gerar vida em seus corpos abertos e fecundos.

Esse sentido já vem contemplado na palavra hebraica *nekeva*, que significa "receptáculo", "espaço aberto", "espaço interior". A corporeidade feminina, aberta, receptiva, disponível à fecundação e à entrada do outro, é algo que intriga profundamente a pensadora ao refletir sobre o feminino e a mulher. E ela, ainda que não seja crente, vai buscar na Bíblia fundamentos para sua intuição.

Com precaução – diz Kristeva – pode-se usar o termo *nüqëbâ* (*nekeva*) para referir-se às mulheres, mas o termo oficial no singular é *´iššâ* (*ischa*). A grande diferença é que o primeiro se utiliza mais para referir-se a animais, ou seja, "macho e fêmea". No Pentateuco especialmente, a tradição sacerdotal prefere esse termo para enfatizar o aspecto da reprodução na diferenciação de gêneros. Os dicionários bíblicos em geral identificam *nekeva* na explicitação do que seria a fêmea no sentido de aberta, perfurada[16]. A psicanalis-

16. Cf. os dicionários de Brown, Driver e Briggs (1994) e Clines (2001), que trazem verbetes para a palavra *nekeva*.

ta Kristeva refletirá bastante sobre essa característica do corpo feminino, que comentaremos mais adiante. Em resumo, *nekeva* é a fêmea tanto dos humanos como dos animais (cf. Brown; Driver; Briggs, 1994; Clines, 2001), corpo portanto aberto à alteridade e à fecundação, à vida enfim.

Aberto para que ou para quem será o corpo da mulher? Para o outro, para a diferença, para a pluralidade, para o amor, para acolher em si o corpo do diferente, como parceiro ou como semente que depois crescerá neste mesmo corpo e por meio deste será entregue ao mundo. Tal abertura não configura o corpo feminino apenas biologicamente mas também no que diz respeito ao conhecimento. A aventura maravilhosa do conhecimento que acontece em qualquer ser humano cuja identidade é ser "ouvinte da Palavra" é dom dado também à mulher, pela Palavra de Deus e pelo Espírito que a recria e inspira incessantemente. A escuta e a recepção inspirada que passam pela experiência e pela razão a fazem então captar e apreender a fim de conhecer para a partir daí criar. É fecundada pela Sabedoria – outro nome do Espírito – e pode criar a partir daquela que a fecundou. E a criação que daí brota é conhecimento teológico.

A experiência de Deus tem sido uma porta de entrada para o conhecimento, especialmente para as mulheres (cf. Bingemer, 2023a). Devido à dificuldade de acesso à educação e a materiais de leitura, dado o analfabetismo a elas constantemente imposto, muitas mulheres descobriram em suas experiências místicas um caminho novo e único de acessar o estudo, a reflexão e a especulação e até mesmo de construir sua própria doutrina. A história do catolicismo, de maneira muito especial, tem algumas figuras femininas notáveis que demonstram isso[17].

17. Referimo-nos aqui, por exemplo, a algumas místicas medievais, como Hildegarda de Bingen, Juliana de Norwich, Marguerite Porete e igualmente a mulheres já da era moderna, como Teresa de Ávila, entre outras.

Importantes pensadores religiosos e teólogos, como o historiador Bernard McGinn e o teólogo David Tracy, em alguns de seus escritos recentes, trazem à tona elementos encontrados na vida e nos escritos de mulheres místicas que podem chamar nossa atenção. Entre eles destacam-se a preocupação com a desigualdade entre homens e mulheres – na sociedade e muito particularmente na Igreja –, a "diferença" das mulheres que vivem, pensam e expressam o mistério de Deus, e a síntese criativa pela qual as "incômodas filhas de Eva", no dizer de Ivone Gebara (1990), são responsáveis, a qual cada vez mais enriquece a teologia. Essas muitas mulheres que foram grandes místicas igualmente se revelaram capazes de trabalhar, fazer justiça e servir com amor aos mais pobres e vulneráveis. Realizam uma síntese rara, e sua contribuição na história do cristianismo é notável. São elas as ancestrais das teólogas de hoje[18].

A importância dessas mulheres místicas é crucial para a recuperação de uma teologia que também esteja imbuída do Espírito e não seja entendida apenas como uma coleção seca e rígida de fórmulas dogmáticas. Tal como Hans Urs von Balthasar (1948, p. 30) escreveu em um artigo particularmente famoso, houve durante um período longo na Igreja um divórcio entre a teologia e a espiritualidade, que se mostrou muito negativo para ambas as áreas. O escrito de Balthasar repercutiu com força na comunidade teológica, levando-a a repensar profundamente a forma do fazer teológico. A afirmação do teólogo suíço é reafirmada por David Tracy em 2020, com um adendo importante: "[...] a trágica separação entre teologia e espiritualidade está sendo gradualmente superada, em grande parte, por causa da redescoberta de teólogas místicas femininas amplamente ignoradas que recusaram de forma mais consistente essa separação" (Tracy, 2020b, p. 308). Algumas desfigurações teoló-

18. Para esta particular atenção às mulheres místicas, cf. Lein e Post (2010). Cf. tb. Tracy (2020a) e a reflexão que faço sobre o tema em Bingemer (2023a).

gicas de gênero e forma presentes na história da Igreja podem então ser curadas, pois essas teólogas da história cristã são amplamente estudadas de novo, nas escolas de teologia e fora delas[19].

Além de serem gigantes místicas e intelectuais, todas essas mulheres praticavam a justiça social e se dedicavam aos pobres de uma forma ou de outra. Foram nesse sentido pioneiras, pois somente na segunda metade do século XX é que surgiu oficialmente no seio da Igreja um compromisso radical com a justiça como forma privilegiada de viver o excesso do amor divino, de compreender a teologia não apenas como *intellectus fidei*, mas sobretudo como *intellectus amoris*, além de pensá-lo, ensiná-lo e sobre ele refletir[20]. Em outras palavras, fazendo acontecer no tecido social e eclesial aquilo que hoje entendemos por teologia: a inteligência da fé e do amor.

Apenas nessa época – há 60 anos –, um compromisso radical com a justiça passou a ser entendido e tomou forma explícita como a maneira privilegiada de viver o excesso de amor divino. Essa tendência foi construída e estabelecida como uma opção preferencial e estrutural na Igreja. Referimo-nos aqui à teologia da libertação, nascida em 1968, na Conferência Episcopal Latino-Americana em Medellín, Colômbia, como resultado da recepção do Concílio Vaticano II[21]. No entanto, vários séculos antes, na Idade Média e nos inícios da Modernidade, algumas mulheres já praticaram e refletiram sobre esse privilégio dos pobres como forma visível do amor infinito de Deus. E mesmo algumas décadas antes do concílio houve mulheres pioneiras que fizeram novas sínteses teológicas entre o

---

19. Referimo-nos aqui a figuras como Hildegarda de Bingen, Marguerite Porete, entre outras. Bernard McGinn as estudou profundamente e escreveu sobre elas nos tomos que tem publicado sobre a história da mística. Cf. p. ex., o volume *O florescimento da mística: homens e mulheres da nova mística (1200-1350)* (McGinn, 2017).

20. Cf. o livro programático de Gustavo Gutiérrez (1971).

21. Sobre as raízes da teologia da libertação, cf. Bingemer (2018a).

pensar teológico e a prática radical da caridade para com os mais pobres. Poderíamos nomear aqui filósofas e místicas como Simone Weil (1909-1943), além de ativistas e militantes como Dorothy Day (1897-1980), ao lado de muitas outras.

Parece-nos importante notar que essas mulheres, que até hoje eram reconhecidas apenas como místicas, acederam a um conhecimento ao qual não teriam acesso pelas vias normais. Esse conhecimento abriu-lhes a mente e o coração para ir além dos interditos de seu tempo e construir uma doutrina e uma obra que impactam até hoje a história do pensamento cristão.

Na origem da teologia feminina: uma experiência de conhecimento

A experiência mística é geralmente entendida como experiência afetiva, feita de amor e união. A história do cristianismo foi marcada por esse tipo de experiência e deve a ela alguns de seus marcos e destaques mais luminosos. Os místicos e místicas cristãos foram grandes fundadores, intelectuais brilhantes e figuras paradigmáticas no levantamento de novas questões para a teologia e a filosofia, a literatura, a justiça social e a política, e até mesmo sobre outras disciplinas, tal qual a medicina, como o fez Hildegarda de Bingen[22]. O entendimento da experiência mística como amorosa e afetiva, no entanto, não parece ter distanciado a mesma mística da razão. Pelo contrário, é possível encontrá-la gerando obras que foram refletidas pela mesma razão e por ela reconhecidas[23]. Daí se infere que as experiências e os escritos místicos das mulheres vão

22. Cf. sobre isto em nosso livro *A mística e os místicos* (Bingemer; Losso; Pinheiro, 2022).

23. Somente para citar uma das mulheres místicas dos inícios da Modernidade, podemos mencionar Teresa de Ávila, que é estudada como uma das grandes autoras dos cursos de literatura e linguística do mundo inteiro.

sendo sempre mais reconhecidos como tais e encontram cidadania no interior da reflexão teológica e mesmo para além dela.

Em nossos dias, a mística e a experiência de Deus tornam-se cada vez mais uma área importante de estudos nas ciências religiosas. Têm atraído a atenção de diferentes disciplinas, como literatura, filosofia, antropologia e ciências sociais, psicologia e também teologia (cf. Bingemer; Losso; Pinheiro, 2022)[24]. Uma das questões centrais dessas disciplinas é justamente a conexão entre mística e conhecimento; em outras palavras, a noção de que a experiência mística é uma experiência de conhecimento.

O impulso desejante na origem da experiência mística seria o de experimentar um sentido do Absoluto. Isso significaria, em outras palavras, um desejo de sentir o Mistério, o Transcendente, o Divino, e de experimentar a união com esse Mistério. Nenhum esforço, nenhum experimento, nenhuma ascese, nenhuma entrega seria considerada excessiva e acima das próprias forças quando confrontada com a perspectiva de estar imerso na luz que ilumina a visão e purifica o coração daquele que possui esse verdadeiro desejo (Nef, 2018, p. 11). O processo de abertura e purificação de todo o eu para receber a iluminação que permitirá que a pessoa seja guiada pelo caminho da união com Deus é dinâmico e incorpora uma qualidade impulsiva; além disso pode envolver imagens eróticas e sensuais e é de caráter social (cf. Certeau, 1987, 2009). A experiência a ser encontrada e sentida será reconhecida como conhecimento. Há, na experiência mística, um sentimento de transição da escuridão para a luz, da ignorância para a sabedoria, que abre a visão e a consciência para novas inspirações e revelações. Essa descrição é análoga à que reside na experiência do conheci-

24. Cf. tb. Bingemer e Pinheiro (2015), Pinheiro, Bingemer e Capelli (2021) e Losso, Barreira e Pugliese (2024).

mento e que é constantemente atribuída a Tomás de Aquino, *cognitio Dei experimentalis*[25].

A experiência mística também aparece como "uma experiência além de toda experiência, um conhecimento acima de todo conhecimento" (Bingemer, 2013). Alguns estudiosos e comentaristas escreveram recentemente sobre esse assunto, distinguindo entre uma mística doutrinária, que define e enuncia dogmaticamente sobre a natureza e a essência de Deus e a configuração da união que ela pode trazer, e uma teologia mística experiencial, realizada principalmente por santos e contemplativos – em suma, pelos próprios místicos (cf. Vaz, 2000). Nos estudos teológicos há uma convicção evolutiva de que, embora sendo experiencial e afetiva, a reflexão e o discurso que desse processo emergem não são menos teológicos, tendo rigor discursivo e potência de argumentos e reflexões.

Ao falar sobre a experiência mística como conhecimento, portanto, devemos tentar circunscrever o conceito. Talvez poucos conceitos em filosofia e teologia sejam tão difíceis de demarcar por meio de uma definição precisa e adequada quanto o de "mística". Vários autores e várias correntes procuraram defini-lo, sem chegar a um acordo definitivo sobre o assunto. Pode-se, no entanto e positivamente, resgatar as contribuições de alguns pensadores dos séculos XIX e XX sobre o assunto[26].

---

25. A breve definição de mística como *cognitio Dei experimentalis* não é real ou diretamente encontrada na *Summa Theologiae* de Tomás de Aquino, mas é fornecida por Gershom Scholem (1995, p. 3) em sua obra *Major trends in Jewish mysticism*. Scholem cita o Aquinate de acordo com o trabalho alemão de Engelbert Krebs (1921, p. 37), sem confrontá-lo com a citação do Aquinate original (que está em STh Ij. 2quaestio 97, art. 2ad 2). A expressão de Aquino está no centro da questão sobre se é pecado tentar a Deus e não se refere diretamente à mística. Cf. o comentário de McGinn (2012, p. 306-307).

26. Seguimos aqui a tipologia adotada em nosso livro *A mística e os místicos* (Bingemer; Losso; Pinheiro, 2022, p. 15-24).

Na filosofia, o livro de William James (1929) *As variedades da experiência religiosa* é uma referência. De acordo com o autor, a experiência mística é definida por quatro características: (1) inefabilidade, aquilo que desafia a expressão e a linguagem; (2) qualidade noética, que seria a dimensão iluminativa (e nisso James concorda com muitos místicos cristãos tradicionais de que o amor é, em si mesmo, uma forma de conhecimento); (3) transitoriedade, no sentido de brandura, tolerância, abertura cordial e amorosa; (4) passividade ou incapacidade de produzir a experiência por si mesmo.

Para James, a experiência mística é algo que ocorre entre o afeto e o pensamento. Sua investigação do "movimento teórico" dos estados místicos o leva a argumentar que tais estados promovem a expansão da consciência e permitem "superar todas as barreiras usuais entre o indivíduo e o Absoluto" (James, 1929, p. 329).

O grande historiador da mística, Bernard McGinn, por outro lado, considera que o método de James que distingue entre o estado afetivo da consciência mística e os conceitos que vão além da crença de natureza filosófica e teológica, às vezes nele enxertados, faz pouca justiça às complexas interações entre experiência e interpretação, por um lado, e sentimento e pensamento, por outro. Assim, de acordo com McGinn (2012, p. 265-343), a mística, para James, seria tanto cognitiva quanto não cognitiva, mas nunca se pode ter certeza de como isso acontece.

O que parece emergir das afirmações apresentadas até agora é que a experiência mística é uma experiência de conhecimento, mas nela a presença do outro, a interação profunda e o amor experimentado por essa alteridade têm precedência sobre o mero conhecimento racional. A interlocução entre o eu e o tu, humano e divino, divino e humano, realiza um trabalho que é mais do que um ensinamento teórico ou uma experimentação prática. Trata-se verdadeiramente de uma nova criação (cf. Tresmontant, 1977).

Em seu livro *Les degrés du savoir* [Os graus do conhecimento], o grande filósofo tomista francês Jacques Maritain (1932) fez uma distinção entre (1) uma teologia negativa de origem neoplatônica que é puro apofatismo intelectual com pretensões a ser místico e (2) uma teologia negativa que brota da naturalidade do amor e, portanto, é a expressão da verdadeira experiência mística.

Maritain (1975, p. 1.125-1.158) define a experiência mística como "um conhecimento experiencial das coisas profundas de Deus", aproximando-se da definição atribuída a Tomás de Aquino de *cognitio Dei experimentalis* (conhecimento de Deus por meio da experiência) ou mesmo como "uma posse dada pela experiência do Absoluto". De acordo com a leitura que Maritain faz de João da Cruz, no entanto, o filósofo arrisca outra definição, que seria experiência fruitiva do absoluto (Maritain, 1975, p. 1.125-1.158). Três coisas acontecem na união mística: em primeiro lugar, o sujeito humano passa a amar a Deus como Ele o/a ama, porque o amor incriado[27] se torna o agente de tudo o que a alma faz; em segundo lugar, "a alma devolve Deus a Deus"; e, finalmente, em terceiro lugar, a alma passa a participar da verdadeira vida da Trindade (cf. Maritain, 1932, p. 373-381)[28].

McGinn, no entanto, observa apropriadamente as dificuldades de Maritain em lidar com o uso da linguagem erótica – constante e abundantemente empregada pelos místicos homens ou mulheres –, embora o mesmo Maritain admita, quase a contragosto, que essa é a analogia mais direta com o amor místico. O historiador observa

27. Seguramente Maritain se aproxima aí da teologia, referindo-se, embora sem nomear diretamente a Terceira Pessoa da Santíssima Trindade, ao Espírito Santo. Na tradição da Igreja, o Espírito é chamado graça incriada. Seria, portanto, o amor incriado.

28. Cf. o axioma rahneriano que faz corresponder Trindade Econômica e Trindade Imanente. Cf. tb. a crítica que reproduzimos anteriormente sobre a expressão atribuída a Tomás de Aquino, nota 25.

que isso é particularmente intrigante para um pensador que dá à conaturalidade afetiva um papel tão central (cf. Maritain, 1932, p. 7, 282-283)[29]. O conceito de Maritain de experiência mística como conhecimento amoroso parece manter uma distância segura de tudo o que é desejo, erotismo e fruição ao escrever sobre a mesma experiência mística[30].

A partir de uma perspectiva diferente, Michel de Certeau aparece como um pensador que trouxe uma abordagem nova e original para a compreensão da experiência mística como conhecimento. O jesuíta francês enfatizou a maneira como a experiência mística, embora seja de profundo significado em termos individuais na vida do místico, é necessariamente um fenômeno social, apesar de ser também um fenômeno intelectual. Como historiador e psicólogo, Certeau certamente não ignora o fato de que a mística sempre reflete um mundo sociorreligioso que lhe serve de pano de fundo. Por outro lado, Certeau também observa que a mística afeta e transforma o mundo de forma semelhante por meio da criação de novos tipos de discurso, que são fruto do conhecimento por ela possibilitados e da formação de novos grupos religiosos[31].

Em seu clássico artigo "Mystique", na *Encyclopaedia Universalis*, Certeau (2009) afirma: "Desde os séculos XVI e XVII a mística não é mais designada como um tipo de 'sabedoria' elevada ao reconhecimento de um mistério já experimentado e proclamado em cren-

29. E nós concordamos com a crítica de McGinn (2012, p. 310, n. 115), apesar de parecer-nos que não é um problema apenas de Maritain, e sim de muitos comentadores da mística cristã.

30. Isso confirmaria o argumento de Georges Bataille (1987), pensador não crente, de que o erotismo na verdade pertence aos místicos, muito mais do que aos psicólogos, aos escritores e aos artistas.

31. Cf. para comprovar isto as conhecidas obras de Michel de Certeau *L'ecriture de l'histoire* (1975) e "Historicités mystiques" (1985), além da obra maior *La fable mystique* (1982).

ças comuns, mas um conhecimento experiencial que lentamente se separou da teologia tradicional ou das instituições eclesiásticas e é caracterizado pela consciência, adquirida ou recebida, de uma passividade gratificada em que o 'eu' se perde em Deus". Certeau (1987, p. 12-15) sustenta que a experiência mística não pode ser estudada em si mesma, e sim somente por meio da linguagem mística e do corpo do místico. A própria palavra "mística", embora tenha aparecido pela primeira vez nos escritos de Dionísio o Areopagita, que remontam ao início do cristianismo, tem seu uso como substantivo datado do início no século XVII na França, como mostra a pesquisa autorizada de Michel de Certeau (1963).

Na tentativa de evocar as reflexões dos vários autores estudados até aqui, neste texto entendemos por experiência mística o que a filosofia e a teologia concordam em definir como uma consciência da presença divina, percebida imediatamente, em uma atitude de passividade, e que é experimentada antes de qualquer análise e formulação conceitual. É a experiência concreta do ser humano que se encontra, graças a algo que não controla ou manipula, diante de um mistério ou em proximidade com uma graça misteriosa e irresistível. Essa presença graciosa se revela uma alteridade pessoal e age com amor – nomeado com distintos nomes pelos místicos e místicas de toda a história, tais como: misericórdia, chama, esposo etc. –, propondo e realizando uma comunhão impossível segundo os critérios humanos e que só pode acontecer graciosamente quando vem do outro.

Essa experiência, sem deixar de incluir todas as categorias que aparecem com maior força e consenso nos autores estudados (inefabilidade, imediatismo, passividade, entre outras), é fundamentalmente uma experiência de relação. Por isso, pressupõe a alteridade e sua diferença e não pode ser reduzida a uma simbiose ou um desejo de fusão, como ocorreria em outras diferentes experiências religiosas. Nesse sentido, como uma experiência relacional, e somente à luz desse primeiro fato, pode-se falar da dimensão noética da mística, o que significa que a experiência mística é uma experiência de conhecimento. A mística será, então, e de fato, conhecimento, mas um conhecimento que vem da experiência relacional e ao qual a inteligência e o intelecto chegam posteriormente, no sentido de captar e interpretar, não a experiência abstratamente falando, mas o que o sujeito concreto sente, os sentimentos daquele que está no centro do próprio ato de experimentar. E esses sentimentos implicam uma alteridade e um relacionamento que fala, entra em diálogo e ensina. O que é trazido por essa relação são novas iluminações e inspirações, gerando novos conhecimentos.

O caminho do relacionamento com o Outro Transcendente e Divino gera uma forma única de conhecimento que é, portanto, constitutiva da própria experiência mística. No que diz respeito à mística cristã, esse outro, essa alteridade, possui o componente antropológico no centro de sua identidade, uma vez que o Deus experimentado se fez carne e mostrou um rosto humano. Assim, tudo o que diz respeito à experiência mística dentro de uma perspectiva cristã não pode se desviar ou mesmo desconsiderar aquilo que constitui a carne e a humanidade de seu próximo. Paradoxalmente, é na proximidade e na mais profunda semelhança com a humanidade que Deus, de acordo com a revelação cristã, mostrará na experiência mística uma diferença e uma alteridade absolutamente transcendentes. E esses atributos são vivenciados como poderosa fonte de conhecimento.

Dentro dessa linha de pensamento, mulheres que vivem uma experiência mística necessariamente terão uma recepção diferente dela em relação aos homens, e dela farão diferentes interpretações, diversas abordagens. O discurso teológico que daí brote será necessariamente "outro" do que aquele elaborado pelos homens, o qual foi o predominante ao longo da história do cristianismo.

Teologia feminina: conhecimento e criação

Nosso próximo passo nesta reflexão será pensar sobre a experiência mística como conhecimento, com atenção especial para as mulheres. Como afirma o filósofo italiano e estudioso de mística Marco Vannini (2011), "no que diz respeito ao Espírito, ele não tem gênero, assim como não há distinções de natureza cultural, social ou ambiental: ele é universal. Mas, durante séculos, a instituição eclesiástica desconfiava das mulheres que assumiam um papel magisterial". O que seria esse papel "magisterial?" Seria o direito e a autoridade de ensinar o que se pensa e se vive. As mulheres têm sido, na história do cristianismo e, particularmente, no catolicismo, uma alteridade continuamente "suspeita" para exercer tal papel.

Não tendo pleno acesso à educação (ao contrário dos homens), as mulheres encontraram na vida espiritual um caminho que as levou à leitura, à reflexão e ao contato com o pensamento filosófico e teológico. No entanto, sua sabedoria não era particularmente integrada e aceita como parte da instituição religiosa. Já vimos como o corpo feminino foi frequentemente associado ao pecado, à tentação e à genitalidade, bem como gerou uma discriminação secular em uma instituição unanimemente governada por homens. Acusadas de serem responsáveis pela entrada do pecado no mundo e pela morte como consequência do pecado, as mulheres muitas vezes encontraram na experiência mística um meio de aceitar seu corpo, suas sensações e emoções, além de encontrar acesso à reflexão e a uma linguagem que pudesse descrever suas experiências espirituais (cf. Kristeva, 2014). Mas, devido à suspeita sempre presente que confrontava seu corpo e sua mente, essas experiências místicas de muitas mulheres foram frequentemente colocadas sob suspeita e sob vigilância severa e rigorosa dos homens encarregados de controlá-las e exorcizá-las (Kristeva, 2014).

Numerosas e riquíssimas experiências místicas de mulheres que viveram comunicações espirituais muito íntimas, importantes e poderosas intuições, assim como iluminações filosóficas e teológicas, permaneceram ignoradas em um universo em que os meios de divulgação estavam nas mãos de poucos, sendo esses poucos, em sua quase totalidade, do sexo masculino. Ao longo da história do cristianismo, as mulheres foram mantidas a uma distância prudente do sagrado e de tudo o que o cercava. O mesmo aconteceu com sua oportunidade de formação intelectual mais profunda. Entre as mulheres e o mistério sempre houve uma distância "prudente", com suas experiências sendo raramente reconhecidas e legitimadas.

Hoje, o processo de emancipação das mulheres chegou à Igreja e questionou esse estado de coisas, e podemos encontrar, mais fortes do que antes, as narrativas das experiências místicas de mulheres aparecendo cada vez mais nas pesquisas e nas reflexões de filósofos e teólogos. Entre elas, as mulheres medievais ocupam uma posição privilegiada e são as mais pesquisadas pelos estudiosos homens ou mulheres[32]. É novamente Marco Vannini (2011) quem afirma que "às mulheres devemos uma contribuição essencial para a história da espiritualidade, da mística, especialmente significativa para os séculos passados, nos quais as mulheres em geral não tinham acesso à educação". E ele continua, citando Ângela de Foligno e Marguerite Porete, que, apesar disso, "falam não com palavras de mulheres, mas com palavras magisterais de espiritualidade" (McGinn, 1988).

Não apenas essas, mas também as mulheres da época moderna e até mesmo dos tempos contemporâneos podem trazer testemunhos luminosos sobre como suas experiências místicas formaram,

32. Cf. os trabalhos de Ceci Mariani sobre Marguerite Porete; os de Maria José Amaral sobre Matilde de Magdeburg; e os de Simone Marinho sobre Beatriz de Nazaré. Todas essas autoras podem ser encontradas em Bingemer, Losso e Pinheiro (2022).

em conjunto, uma iluminação espiritual e intelectual que deixou pegadas importantes em seu tempo e espaço. E igualmente constituiu precioso enriquecimento para a Igreja.

Mulheres teólogas: histórias de vida, conhecimento e práxis

O reconhecido teólogo estadunidense David Tracy (2020b) refletiu sobre o feminino e a teologia, não só na Idade Média mas igualmente já na modernidade e mesmo na contemporaneidade.

Ao mesmo tempo que reconhece, por exemplo, o protagonismo único de Francisco de Assis não apenas na história cristã, mas em toda a história ocidental, Tracy destaca o movimento criado pelo carisma de Francisco, durante o século XII, em que a pobreza voluntária configurou uma forma completamente nova de ser cristão. Juntamente com Francisco, uma mulher, sua amada discípula e companheira Clara de Assis, radicalizou o "privilégio da pobreza" franciscana para uma comunidade de vida contemplativa em São Damião (Brunelli, 2000)[33].

Clara, de fato, foi apenas a primeira de uma notável tradição de mulheres inspiradas pelo carisma franciscano que seriam criativas ao viver o desejo mais profundo de pobreza do mestre, independentemente de Francisco e da ordem masculina (Brunelli, 2000). Uma terciária franciscana do fim do século XIII e início do século XIV que também atraiu considerável atenção de estudiosos como Tracy, mas igualmente de estudiosos não cristãos, como Julia Kristeva, é Ângela de Foligno (Clément; Kristeva, 2001). Ao estudar sua experiência, podemos encontrar semelhanças e afinidades com o movimento que surgiu na mesma época em que ela viveu. Diferentemente da italiana Ângela, referimo-nos a mulheres leigas, as beguinas, movimento de mulheres não consagradas pelos votos,

33. Cf. igualmente a obra de Boff (1992).

que viviam em comunidade. Foi esse movimento imensamente significativo na Europa durante o fim da Idade Média[34]. Um ponto muito marcante na linguagem mística de Ângela de Foligno é sua experiência e reflexão sobre o amor de Deus como sendo excessivo. Sobre esse ponto particular, Tracy se declara seguidor de Ângela, reconhecendo seu conhecimento místico, que é fiel ao melhor da tradição cristã, quando define a concepção do amor como fundamentalmente "excessiva", seja nos quatro evangelhos, em Paulo, nos evangelhos não canônicos e em outros textos cristãos primitivos. Esses textos, escreve ele, "são boas notícias que anunciam e revelam o impossível: a verdade final sobre a realidade é o amor e o amor infinito de Deus revelado em toda a sua excessividade no amor abnegado [...] de Jesus, o Cristo" (Lein; Post, 2010).

De fato, Ângela de Foligno é incomparável quando se trata de amor excessivo. Ela abriu mão da riqueza, do conforto e de tudo o que possuía para servir os pobres e os marginalizados, até mesmo os leprosos. Mas o que é ainda mais admirável nela é sua capacidade de combinar esse serviço radical aos mais vulneráveis com uma vida interior cada vez mais profunda. "Na verdade, Ângela se tornou cada vez mais comprometida com a vida interior sem nunca abandonar seu compromisso com os pobres" (Lein; Post, 2010). Esse parece ser o ponto exato denominado por Tracy aqui como "amor excessivo" de um "infinito excessivo": um amor excessivo que supera toda impossibilidade de experimentar e oferecer serviço a um Deus por quem se sentia tão profundamente amada. Esse excesso possibilitou a combinação, em sua vida, de visões intensas e fenômenos místicos extraordinários, aliados a uma teologia intelectual do amor igualmente intensa e um serviço incansável aos pobres e aos mais marginalizados da sociedade (Lein; Post, 2010).

34. Cf. o belo livro de Vandenbroeck *et al.* (1994).

Ângela de Foligno foi capaz de elaborar uma verdadeira "doutrina" da escuridão mística, uma síntese espiritual muito original, que une alegria, a plenitude da impossibilidade apofática da linguagem e experiências negativas de profundo sofrimento (Kristeva, 2010). Sua alma entrou plenamente em uma jornada terrível, experimentando esse excesso de amor junto com um excesso de sofrimento por causa do amor[35]. Finalmente, Tracy conclui: "O amor como excesso infinito em Deus e excesso finito no eu nunca encontrou um expoente mais brilhante do que Ângela de Foligno" (Lein; Post, 2010, p. 153; cf. Kristeva, 2010).

Além de Ângela, no entanto, e segundo Bernard McGinn (1988), "ainda mais importante do que o nascimento das grandes ordens mendicantes", havia as mulheres místicas e teólogas dos séculos XIII e XIV. Tracy destaca Matilde de Magdeburg (que lembra uma das maiores teólogas do século XII, Hildegarda de Bingen), Hadewijch de Antuérpia e Marguerite Porete. Essas "teólogas vernáculas" criaram teologias distintas das teologias monásticas e escolásticas em latim. Com Ângela, elas constituem, nas palavras de Bernard McGinn (1988, p. 141-142), as "quatro mulheres evangelistas" da época. Tais mulheres seguem e se aproximam, em importância, das figuras femininas paradigmáticas das origens do cristianismo, como Maria Madalena, que fez o primeiro anúncio da ressurreição de Cristo e hoje é reconhecida pela Igreja Católica como "apóstola dos apóstolos".

Ainda na Idade Média temos outra destacada mulher teóloga que foi uma das maiores influências em ninguém menos do que o monge trapense estadunidense e célebre escritor Thomas Merton. Trata-se de Juliana de Norwich, monja reclusa que viveu no século

35. Cf. tb. o comentário de Julia Kristeva (2010) sobre esta mesma mulher mística, acerca do excesso de amor que reduz toda linguagem à imobilidade e ao silêncio.

XIV na Inglaterra e a quem Merton respeitosamente chamava de Lady Julian (cf. Merton, 2018).

Durante o Natal de 1961, muito tempo depois de sua conversão e muitos anos após sua entrada na Trapa, Merton teve um contato mais afetivo com Juliana de Norwich. Essa mulher, que é uma grande mística, já era conhecida por Merton. Mas dessa vez seu encontro com ela foi diferente. Ele a descobriu como teóloga: "Tenho me movimentado em torno dela há muito tempo, venho batendo em sua porta e tenho andado por aí, e sabia que ela era uma de minhas melhores amigas, e justamente por ter certeza de sua amizade não me apressei em procurar o que encontrei agora" (Bingemer, 2023b).

A teologia de Lady Julian é uma teologia da totalidade abrangente e da plenitude do amor divino. Para ela, essa é a realidade, à luz da qual todos os seres criados e todas as vicissitudes da vida e da história são diluídos e sem importância. Não é que o mundo e o tempo, o cosmo e a história, sejam irreais: mas sua realidade é apenas uma revelação do amor. No entanto, a revelação em si não é imediatamente clara. É preciso uma dádiva de Deus para que a luz irrompa e o significado completo do mundo seja visto em sua verdadeira relação com Deus e seus desígnios eternos e amorosos (Lady Julian *apud* Merton, 2018).

Merton sente-se cheio de respeito e admiração por essa mulher e, enquanto estuda e medita seus textos, profundamente místicos e cheios de sólida teologia, descobre e afirma alguns pontos que os estudos da mística estão descobrindo e sistematizando apenas recentemente. Ele diz, com entusiasmo e admiração, sobre seu método teológico. "Lady Julian é uma verdadeira teóloga, com mais clareza, profundidade e ordem do que Santa Teresa: ela elabora teológica e verdadeiramente o conteúdo de suas revelações. Primeiro, ela experimentou, depois o aprofundamento meditativo da experiência a levou de volta à sua vida, de maneira cada vez mais profunda, até que toda a sua vida de clausura em Norwich era simplesmente uma questão de se saturar por completo na luz que havia recebido de uma só vez, nas 'manifestações', quando ela acreditava estar morrendo" (cf. Bingemer, 2023b).

Em Lady Julian, Merton descobre uma teologia esperançosa – e quase apocatástica – na qual a autora fala sobre Deus com expressões de amor e alegria e, embora não negue a existência do inferno, afirma a existência de uma realidade muito maior, que é o amor de Deus. Um elemento distintivo da teologia mística de Lady Julian foi a visão de Jesus como mãe. E essa maternidade encanta e seduz o órfão Merton, que perdera a mãe prematuramente aos 6 anos de idade. Ele descobre uma mulher com visões muito particulares que o levam a falar de uma maternidade muito especial: "Tudo vai ficar bem, tudo vai ficar bem, e todo tipo de coisa vai ficar bem" (Juliana de Norwich, 2023). Encantado, o monge cita Lady Julian e com ela aprende:

> A mãe amamenta seus filhos com seu leite, mas nossa preciosa Mãe Jesus pode nos alimentar com Ele mesmo, e o faz com muita cortesia e ternura com o santo sacramento, que é o alimento da verdadeira vida [...] Essa bela palavra, "mãe", é tão doce e gentil em si mesma que, na verdade, não pode se dizer de ninguém ou para ninguém. Exceto dele e para ele, que Ele é a verdadeira Mãe da vida e de todas as coisas. [...] A mãe bondosa e amorosa que conhece e vê as necessidades de seu filho, protege-o com muita ternura, como é exigido pela natureza e condição da maternidade. E, à medida que cresce em estatura e idade, ela age de forma diferente, mas seu amor não muda. E mesmo quando a criança cresce ela permite que seja castigada a fim de subjugar suas falhas e, assim, fazer com que floresça em virtudes e graça... Nosso Senhor realiza (Juliana de Norwich, 2023).

Essa maternidade, que se refere à segunda pessoa da Trindade, Jesus, toca Merton naquele ponto perdido de sua vida: sua própria mãe. A imagem da mãe implica ternura, cuidado solícito e proteção contínua. A teologia mística feminina de Lady Julian of Norwich chegou a Thomas Merton porque, além do toque e da visão maternos e especiais expressos em sua obra, ela vivia maravilhada e comovida a todo momento com o amor de Deus pelos seres humanos[36]. Atrever-me-ia a supor que sua relação com essa teóloga se aproxima do que o mesmo Merton vivenciou três anos antes, em 1958, em uma esquina em Louisville, Kentucky (Juliana de Norwich, 2023). Foi uma experiência que praticamente reconfigurou sua mística, a qual agora ele via confirmada e reforçada por essa mulher mística e teóloga, Lady Julian of Norwich.

Avançando para além da Idade Média, entramos na Modernidade e encontramos outra mulher que viveu durante o século XVII na França, sendo mística e pensadora. Trata-se de Jeanne-Marie Bouvier de la Motte Guyon[37], a famosa Mme. Guyon, parceira intelectual e espiritual de François Fénelon, arcebispo de Cambrai e famoso escritor e teólogo. Guyon foi uma figura central nos debates teológicos da França do século XVII, por meio de sua reflexão sobre o quietismo, uma extrema passividade e serenidade da alma, a ponto de experimentar uma indiferença pacífica em relação à salvação eterna, quando então ela acreditava que a pessoa se tornava um agente de Deus.

Guyon foi suspeita de heresia e sua espiritualidade denunciada como não ortodoxa e não autêntica por grandes personalidades como Bossuet[38]. No entanto, Fénelon defendeu sua mística de con-

---

36. Cf. o relato da experiência de Merton (1970) em Louisville.

37. Sobre Mme. Guyon, cf. Catherine Millot (2006).

38. Jacques Bénigne Lignel Bossuet (1627-1704) foi um bispo e teólogo francês, renomado por seus sermões. É considerado um dos mais brilhantes oradores de todos os tempos, sobretudo da França. Foi padre da corte de Luís XIV, advogando pelo absolutismo político e o direito divino dos reis. Argumentava que o governo era ordenado divinamente e que os reis receberam o poder soberano diretamente de Deus. Foi também um grande político. Para mais, cf.: https://en.wikipedia.org/wiki/Jacques-B%C3%A9nigne_Bossuet

templação passiva como genuína. Mme. Guyon estava convencida, juntamente com Fénelon, de que sua experiência mística era profunda e configurada pelo amor. Como observa Tracy (2020b, p. 117), foi Fénelon quem também entendeu a profunda mística amorosa de Guyon como um correlato da "contemplação filosófica e ativa da ideia de Descartes sobre o Infinito". A fidelidade e a admiração de Fénelon por Guyon se devem muito ao fato de ela ter sido uma escritora espiritual mais extraordinária e uma mística mais profunda do que ele mesmo. De fato, ele era o discípulo, e ela a mestra (Tracy, 2020b). Além disso, Fénelon aprendeu com Guyon a experiência da contemplação passiva e a realidade do amor puro que ele havia observado anteriormente em suas leituras de São Francisco de Sales. Jeanne de Guyon e François Fénelon enriqueceram-se mutuamente em uma amizade espiritual íntima (Tracy, 2020b). Jeanne de Guyon ensinou a Fénelon os caminhos e métodos de sua fina mística, e Fénelon acrescentou argumentos filosóficos e teológicos para apoiar sua experiência e seus pensamentos místicos.

Jeanne de Guyon é hoje considerada uma figura iluminadora superior na história mística e teológica cristã. Ela não foi apenas a inventora de uma novidade, mas sim uma legítima herdeira da melhor tradição cristã, conforme aprendida com João da Cruz, Teresa de Ávila e Francisco de Sales, entre outros místicos e místicas, que lia constantemente. Como acontece com frequência, sua liderança e doutrina mística não foram compreendidas, e ela chegou a ser presa, assim como Fénelon. Na prisão, Jeanne de Guyon sofreu muito, como se sabe por seus cadernos de anotações, encontrados posteriormente (cf. Millot, 2006). Depois de ser libertada da prisão, ela continuou a escrever textos espirituais e a aprofundar sua experiência mística e sua doutrina.

Por todas essas biografias, vemos que a liderança espiritual e teológica feminina no cristianismo nunca foi fácil. A vida e os escritos dessas mulheres místicas sempre foram cercados de incompreensão, e elas passaram por momentos muito difíceis. O simples fato de serem mulheres as colocava sob suspeita e gerava medo, enquanto suas experiências e seus escritos recebiam pouca credibilidade. Para algumas, como Marguerite Porete, o preço a pagar foi a execução. Outras passaram pelo sofrimento da prisão e todo tipo de perseguição, como Mme. Guyon, e por todo tipo de dificuldades, como Teresa de Ávila. Outras ainda foram marginalizadas por segmentos da Igreja oficial e ridicularizadas.

As teólogas de hoje, que no século XX começaram a escrever e ensinar, são herdeiras fiéis de todas essas, que são apenas algumas que formam a admirável linhagem de mulheres teólogas dentro do cristianismo. Em todas elas se percebe a experiência mística como experiência de conhecimento e a elaboração teológica estreitamente unida à revelação fundante que configura sua vocação. Nos dias de hoje, as mulheres que procuram os cursos de teologia em universidades ou institutos continuam perseguindo o luminoso rastro de sua experiência teologal originante e aprendendo a transformá-lo em reflexão, escrita, docência e discurso.

Conclusão: artesãs da Palavra e do Espírito

São muitas essas artesãs da Palavra e do Espírito que nos dias de hoje povoam as igrejas e a academia com seu jeito próprio de pensar e dizer o mistério. Sua teologia é feita não apenas com a cabeça, mas com o corpo inteiro, aberto e perfurado até o infinito e fecundado pela dor e a delícia da realidade e da vida iluminada pelo Espírito de Deus.

Além disso, sua produção teológica não é apenas individual, mas coletiva[39]. Na América Latina vão crescendo em número e qualida-

39. Cf. o belo texto de Cavalcanti (1988).

de, desde o fim da década de 1960, quando a Igreja do continente fez uma opção preferencial pelos pobres. As mulheres teólogas da primeira hora se autocompreendiam como porta-vozes de outras mulheres, que habitavam e profetizavam desde as comunidades populares. Recebiam dessas mulheres o conteúdo que depois lhes seria devolvido para animar e ajudar sua luta por liberdade e libertação.

Hoje continuam dando assessorias e pensando teologia a partir das comunidades mais pobres, mas também se debruçam sobre outros temas, que fazem parte da agenda da sociedade.

São cientistas sociais que analisam a realidade e denunciam a injustiça, deixando brilhar sobre elas a luz purificadora do Evangelho.

São ecofeministas que pensam conjuntamente a opressão da mulher e a tragédia do planeta, devastado pela irresponsabilidade humana.

São eticistas que pensam o lugar da mulher no cadinho dos múltiplos problemas éticos que cercam sua condição e sua luta. Nesse pensar têm lugar temas como a sexualidade, a família, a vida reprodutiva, entre outros.

São poetas que têm intimidade com a beleza e constroem seu pensamento e seu discurso em estreito diálogo com a estética sob a forma de literatura, poesia, música.

Sendo todas essas coisas e nadando em todas essas águas, são teólogas. Fizeram a experiência de um encontro com o Mistério Maior e nele acreditaram. E desejaram pensar sobre o encontro amoroso que viveram, pelo bem dos demais. Seus corpos e suas cabeças, habitados por esse Mistério, conheceram uma nova e inesgotável fertilidade.

Descendentes diretas das místicas medievais, e também das intelectuais modernas, como Mme. Guyon, e das pensadoras e ativistas do século XX, como Dorothy Day, Simone Weil, Etty Hillesum,

Edith Stein e Madeleine Delbrêl, elas geram em seus ventres fecundos mais vida e mais futuro e traçam um mapa belo, colorido e promissor para a teologia. Em uma Igreja que se deseja sinodal, suas vozes não podem não ser ouvidas, sob pena de a mesma Igreja não realizar o sonho de ser povo de Deus que caminha lado a lado, em sinodalidade.

Referências

BALTHASAR, H. U. von. Théologie et sainteté. *Dieu Vivant*, Paris, n. 12, p. 17-31, 1948.

BATAILLE, G. *O erotismo*. São Paulo: L&PM, 1987.

BINGEMER, M. C. Mystical experience: women's pathway to knowledge. *Religions*, v. 14, n. 2, p. 230-248, 2023a.

BINGEMER, M. C. *O mistério e o mundo*. Rio de Janeiro: Rocco, 2013.

BINGEMER, M. C. *Teologia latino-americana*: raízes e ramos. Petrópolis: Vozes, 2018a.

BINGEMER, M. C. *Transformar la Iglesia y la sociedad en femenino*. Barcelona: Cristianisme e Justitia, 2018b. Disponível em: https://www.cristianismeijusticia.net/es/transformar-la-iglesia-y-la-sociedad-en-femenino-0 – Acesso em: 29 abr. 2025.

BINGEMER, M. C.; LOSSO, E. G.; PINHEIRO, M. R. (orgs.). *A mística e os místicos*. Petrópolis: Vozes, 2022.

BINGEMER, M. C.; PINHEIRO, M. R. *Narrativas místicas*. São Paulo: Paulus, 2015.

BINGEMER. M. C. The feminine in Merton's life: some notes on his experience with women. *The Merton Annual*, v. 36, p. 65-86, 2023b. https://merton.org/Research/Publications/annual.aspx?id=2023

BOFF, L. *São Francisco*: ternura e vigor. Petrópolis: Vozes, 1992.

BRUNELLI, D. Teologia e gênero. *In*: SUZIN, L. C. (org.). *Sarça ardente*: teologia na América Latina – Prospectivas. São Paulo: Paulinas, 2000. p. 209-221.

BROWN, F.; DRIVER, S.; BRIGGS, C. *The Brown-Driver-Briggs Hebrew and English lexicon*. Carol Stream: Hendrickson, 1994.

CAVALCANTI, T. Produzindo teologia no feminino plural. *Perspectiva Teológica*, Belo Horizonte, v. 20, n. 52, p. 359-370, 1988.

CERTEAU, M. de. Historicités mystiques. *Recherches de Science Religieuse*, v. 73, n. 3, p. 325-353, 1985.

CERTEAU, M. de. *L'ecriture de l'histoire*. Paris: Gallimard, 1975.

CERTEAU, M. de. *La fable mystique*. Paris: Gallimard, 1987. t. I.

CERTEAU, M. de. *La fable mystique*: XVI-XVIIe siècle. Paris: Gallimard, 1982.

CERTEAU, M. de. *La possession de Loudun*. Paris: Gallimard, 1970.

CERTEAU, M. de. Mystique au XVIIe siècle: le problème du langage "mystique". *In*: GUILLET, J. (coord.). *L'homme devant Dieu:* mélanges offerts au Père Henri de Lubac. Paris: Aubier, 1963. p. 267-291.

CERTEAU, M. de. Mystique. *Encyclopaedia Universalis*, Boulogne-Billancourt, 2009. Disponível em: https://www.universalis.fr/encyclopedie/mystique – Acesso em: 30 abr. 2025.

CLÉMENT, C.; KRISTEVA, J. *O feminino e o sagrado*. Rio de Janeiro: Rocco, 2001.

CLINES, D. (ed.). *The dictionnary of classical Hebrew*. Sheffield: Sheffield Academic Press, 2001. v. 5.

COSTA, O. B. da. Uma análise da obra de Michel de Certeau sobre um fato político-religioso: Possessões demoníacas em Loudun. *Monções*, Campo Grande, v. 4, n. 6, p. 1-14, 2017.

GEBARA, I. *As incômodas filhas de Eva na Igreja da América Latina*. São Paulo: Paulinas, 1990.

GUTIÉRREZ, G. *Teologia da libertação*: perspectivas. Lima: Sígueme, 1971.

JAMES, W. *The varieties of religious experience*. Nova York: The Modern Library, 1929.

JULIANA DE NORWICH. *Revelações sobre o amor divino*. São Paulo: Penguin/Companhia das Letras, 2023.

KREBS, E. *Grundfragen der kirchlichen Mystik dogmatischer erörtert und für das Leben gewertet*. Freiburg: Herder Verlag, 2021.

KRISTEVA, J. *La séduction mystique*. 2010. Disponível em: http://www.kristeva.fr/seduction-mystique.html – Acesso em: 8 nov. 2022.

KRISTEVA, J. *Seule une femme*. Paris: L'Aube, 2013.

KRISTEVA, J. *Teresa, my love*: an imagined life of the saint of Avila. Nova York: Columbia University Press, 2014.

LEIN, J.; POST, S. G. God as infinite love: a Roman Catholic perspective. *In*: LEIN, J.; POST, S. G. (eds.). *Divine love*: perspectives from the world's religious traditions. West Conshohocken: Templeton Press. 2010. p. 131-162.

LOSSO, E. G.; BARREIRA, M.; PUGLIESE, L. *Mística e subjetividade*. Rio de Janeiro: Criação, 2024.

MARITAIN, J. *Distinguer pour unir ou Les degrés du savoir*. Paris: Desclée de Brower, 1932.

MARITAIN, J. L'expérience mystique naturelle et le vide. *In*: BARS, H. (ed.). *Oeuvres (1912-1939)*. Paris: Desclée, 1975.

MCGINN, B. *As fundações da mística*. São Paulo: Paulus, 2012.

MCGINN, B. *Flowering of mysticism*: men and women in the new mysticism (1200-1350). Nova York: Crossroad Publishing, 1988.

MCGINN, B. *O florescimento da mística: homens e mulheres da nova mística (1200-1350)*: a presença de Deus: uma história da mística cristã ocidental. São Paulo: Paulus, 2017 (História da Mística Cristã Ocidental, t. III).

MERTON, T. *A montanha dos sete patamares*. São Paulo: Petra, 2018.

MERTON, T. *Reflexões de um espectador culpado*. Petrópolis: Vozes, 1970.

MILLOT, C. *La vie parfaite*. Paris: Gallimard, 2006.

NEF, F. *La connaissance mystique:* émergences et frontières. Paris: Cerf, 2018.

PINHEIRO, M. R.; BINGEMER, M. C.; CAPELLI, M. *Mística e ascese*: da tradição platônica à contemporaneidade. Petrópolis: Vozes/Puc-Rio, 2021.

SCHOLEM, G. *Major trends in Jewish mysticism*. Schocken, 1995.

TRACY, D. Metaphysics, theology, and mysticism. *In*: TRACY, D. *Fragments*. Chicago: The University of Chicago Press, 2020a. p. 93-128.

TRACY, D. *Filaments: theological profiles*: selected essays. Chicago: University of Chicago Press, 2020b. v. 2.

TRESMONTANT, C. *La mystique chrétienne et l'avenir de l'homme*. Paris: Seuil, 1977.

VANDENBROECK, P. *et al. Le jardin clos de l'âme:* l'imaginaire des religieuses dans les Pays-Bas du Sud, depuis le 13e siècle. Bruxelas: Société des Expositions du Palais des Beaux-Arts de Bruxelles, 1994.

VANNINI, M. A experiência do espírito vai muito além das distinções espaçotemporais e de gênero. *Instituto Humanitas Unisinos*, São Leopoldo, 17 dez. 2011. Disponível em: https://www.ihu.unisinos.br/categorias/159-entrevistas/505105-a-experiencia-do-espiri-to-vai-muito-alem-das-distincoes-espaco-temporais-e-de-genero-entrevista-especial-com-marco-vannini – Acesso em: 8 out. 2022.

VAZ, H. de L. *Experiência mística na tradição ocidental*. São Paulo: Loyola, 2000.

5

O lugar da teologia feminista no conjunto dos estudos de gênero

Neiva Furlin

Precisamos do poder das teorias críticas modernas sobre como significados e corpos são construídos, não para negar significados e corpos, mas para viver em significados e corpos que tenham a possibilidade de um futuro.

Donna Haraway (1995a, p. 16)

Algumas considerações sobre a produção teológica

O pensamento da bióloga e filósofa feminista Donna Haraway é significativo para iniciar a escrita reflexiva deste texto, porque os pressupostos teórico-metodológicos que advêm das teorias feministas e dos estudos de gênero oferecem ferramentas críticas para a transformação das relações sociais, em prol da justiça social de gênero. E a teologia feminista[40], que, em seu processo de comple-

40. Neste texto usarei, algumas vezes, o termo "teologia feminista" no singular para me referir a um campo de saber que aglutina diferentes vertentes da teologia feminista. Tenho consciência que não se trata de um discurso unificado, mas de uma variedade de elaborações teológicas sobre as experiências de fé das mulheres, as quais se diferenciam a partir de contextos socioculturais distintos e de perspectivas teóricas adotadas.

xificação, incorporou a categoria de gênero como uma das mediações do fazer teológico, constitui-se um discurso crítico acerca dos significados de gênero produzidos pela teologia tradicional para os corpos femininos. Assim, as narrativas teológicas feministas, ao questionarem as concepções abstratas sobre o feminino e assumirem as experiências de fé da vida material das mulheres, como fonte da construção do saber teológico, foram produzindo novos sentidos de gênero que incluem e empoderam os corpos femininos.

Ao longo da história, os corpos femininos foram silenciados e considerados inferiores, com base em uma leitura biologizada e essencialista da diferença sexual. Esses discursos foram produzidos majoritariamente por homens brancos, de classe média, heterossexuais e, no caso da teologia, por homens clérigos, tidos como representantes da divindade, de modo que esses discursos eram considerados "verdades absolutas". Isso nos remete à crítica de Simone de Beauvoir (1949, p. 193) de que "a representação do mundo, como o próprio mundo, é operação dos homens; eles o descrevem do ponto de vista que lhes é peculiar e o confundem com a verdade absoluta".

Assim como qualquer outro discurso científico, a teologia foi influenciada por dinâmicas sociais, culturais, econômicas e políticas de cada período histórico. E a sociologia nos tem mostrado que a produção do conhecimento tem relação direta com a existência humana, com as condições sociais e culturais e com as estruturas mentais do sujeito. Para o sociólogo Karl Mannheim (1976), os membros de uma *intelligentsia*[41] falam, escrevem e pensam a partir de um determinado "lugar social", e seus pensamentos expõem os seus engajamentos e as suas crenças. Nessa mesma perspectiva, Ivone Gebara (2008) argumenta que as teologias foram elaboradas

41. Mannheim constrói a tipologia *intelligentsia* para se referir a um estrato social de intelectuais, com uma ação politicamente direcionada.

por uma elite masculina, com poder institucional reconhecido, cujos homens se tornaram os grandes especialistas, sujeitos dos discursos teológicos e os condutores da religião. Podemos dizer que essa elite masculina foi se constituindo em uma *intelligentsia* especializada na produção das ideias que operaram na ordem simbólica do sagrado, desde uma visão pautada em valores androcêntricos (Furlin, 2023).

A crítica feminista foi fundamental para questionar os pressupostos usados pelos discursos científicos que apresentaram a ciência como um saber universal, branco, androcêntrico e ocidental (Freire, 2018). Para os estudos feministas, o gênero exerce influência no conhecimento, seja no sujeito que o produz, seja nas práticas de investigação, indagação e justificação, de modo que nenhum pensamento é neutro em relação às crenças e aos valores dos sujeitos que produzem conhecimento (Harding, 1996). Nesse sentido, uma das principais contribuições dos estudos feministas e de gênero foi mostrar que o sujeito do conhecimento tem gênero e está situado em um contexto social concreto. Isso implica considerar que nenhum conhecimento é puramente objetivo, porque é marcado por aspectos da subjetividade de quem o produz (Furlin, 2014).

A contribuição da teologia feminista foi apontar que o pensamento teológico tradicional, que se institucionalizou como um "discurso verdadeiro" e legítimo dentro do universo do "sagrado", nada mais é que um saber situado e parcial, construído a partir da visão de sujeitos masculinos e com base em teorias produzidas em contextos históricos e culturais específicos, de modo que todo o simbólico religioso pode ser repensado e ressignificado a partir de outros olhares e de outras categorias científicas e empíricas. Afinal, para as epistemologias feministas, os saberes se produzem por processos de construção e desconstrução e são sempre situados e subjetivos (Haraway, 1995a), e isso desmistifica a pura objetividade e universalidade do conhecimento.

Com base nessas considerações teóricas, desde uma visão da sociologia do conhecimento e das epistemologias feministas, passamos a tratar do tema deste capítulo, afirmando que a teologia feminista e os estudos de gênero são campos interdisciplinares que surgiram a partir de movimentos sociais e acadêmicos que protagonizaram mudanças socioculturais. São campos de saberes que se diferem em suas abordagens, mas que possuem objetivos em comum, pois ambos questionam as estruturas patriarcais e hierárquicas que reproduziram e ainda reproduzem processos de interiorização, de exclusão e de desigualdades que geram violências. São saberes que visam construir relações pautadas na justiça social, na igualdade e na equidade de gênero.

A teologia feminista emergiu nas décadas de 1960 e 1970 como uma resposta às exclusões e marginalizações das mulheres nas tradições religiosas. Teólogas feministas como Mary Daly, Rosemary Radford Ruether, Elisabeth Schüssler Fiorenza, Ivone Gebara[42], entre outras, criticaram as interpretações patriarcais dos textos sagrados e das práticas religiosas, propondo novas leituras e práticas que valorizassem as experiências e vozes das mulheres. Essa abordagem não se limita às revisões textuais, buscando também transformar as estruturas eclesiásticas e teológicas para promover a emancipação das mulheres e a igualdade de gênero.

Os estudos de gênero, por outro lado, desenvolveram-se como uma área acadêmica interdisciplinar que examina como gênero, identidade e poder interagem em diversas esferas sociais e culturais. Influenciados por teorias feministas, *queer* e pós-coloniais, os estudos de gênero desafiam as noções binárias, fixas e essencialistas de gênero, propondo uma compreensão mais fluida e complexa das identidades e relações de poder.

42. No Brasil, Ivone Gebara é uma grande expoente da vertente denominada teologia ecofeminista.

Ao considerar a teologia feminista dentro do contexto mais amplo dos estudos de gênero é importante reconhecer tanto as áreas de convergência quanto as especificidades de cada uma. Enquanto a teologia feminista faz críticas às narrativas androcêntricas – que, em nome da divindade, produzem significados que sequestram a dignidade e o poder das mulheres no cenário religioso –, os estudos de gênero oferecem ferramentas críticas e metodológicas que podem enriquecer as abordagens teológicas feministas. Juntos, esses campos podem criar diálogos frutíferos que ampliam a compreensão das opressões e das resistências de gênero.

O presente texto está estruturado em cinco seções. A primeira aborda os desdobramentos da teologia feminista, mostrando que, assim como outros feminismos, ela foi incorporando perspectivas teóricas que acompanharam a evolução desse pensamento. Em seguida, na segunda seção, são apresentados alguns pressupostos da categoria analítica de gênero, que deu origem a um campo específico de saber. A terceira seção trata da incorporação do conceito de gênero na teologia feminista, como uma das mediações metodológicas do fazer teológico. Na quarta seção é discutido o lugar da teologia feminista no conjunto dos estudos de gênero para finalmente, na quinta seção, serem abordados os desafios que permanecem e a potencialidade da teologia feminista no cenário religioso e eclesial.

Teologia feminista: aspectos históricos e metodológicos

A teologia feminista se constituiu um campo de saber a partir das décadas de 1960 e 1970 e ganhou legitimidade acadêmica na década de 1980, pelo diálogo que estabeleceu com as teorias feministas de diferentes áreas do saber acadêmico, como a antropologia, a filosofia, a sociologia e a psicologia, e pela incorporação da abordagem epistemológica de gênero. Essas ciências passaram a questionar a pura objetividade e a universalidade do conhecimento, mostrando que suas interpretações e produções científicas não eram neutras, mas atravessadas por valores da cultura androcêntrica e que descreviam as mulheres do ponto de vista da subjetividade masculina e invisibilizaram suas contribuições históricas, com interesse de reproduzir a ordem social patriarcal. Nesse sentido, Chimamanda Ngozi Adichie (2019) alerta sobre o perigo de histórias únicas, porque produzem estereótipos, e o problema disso não é que eles sejam uma mentira, mas que estão incompletos. Assim, faz-se necessário escutar outras histórias, que provenham de vozes historicamente silenciadas, para descolonizar o conhecimento e dissolver estereótipos e identidades subalternas que foram destituídas de humanidade pelo colonialismo.

É nesse contexto que situo a teologia feminista como um saber que nasce de vozes femininas que foram destituídas de poder e de saber intelectual; um saber que nasce das margens do poder instituído para a produção do conhecimento, mas que, ao ressignificar discursos e imagens simbólicas da teologia tradicional e patriarcal, produz novas narrativas e novos significados, operando como *tecnologia de gênero* (Lauretis, 1994)[43] com poder de produzir novas subjetividades femininas.

Parafraseando o pensamento de Djamila Ribeiro (2019, p. 89), pode-se dizer que teologia feminista representa uma voz contra-hegemônica, porque visa desestabilizar a norma; é um discurso potente construído a partir de outros referenciais e geografias, que visa pensar outras possibilidades de existências, para além das im-

---

43. Para Teresa de Lauretis, as representações de gênero são produtos de diferentes tecnologias sociais, tais como o cinema e os discursos, nos quais se inserem as teorias epistemológicas e as práticas institucionais, bem como as práticas cotidianas, marginais aos discursos hegemônicos, situadas nas microrrelações políticas. Essas tecnologias têm o poder de controlar o campo do significado social e, portanto, de produzir, promover e "'implantar' determinada representação de gênero" (Furlin, 2023, p. 16).

postas pelo regime dominante. "E isso não significa a imposição de uma outra epistemologia de verdade, mas um convite à reflexão sobre as relações de poder, o 'lugar de fala dos sujeitos'[44] e os efeitos dos discursos simbólicos" (Furlin, 2023).

A literatura aponta que a origem da teologia feminista se encontra no século XIX, com a primeira produção "feminista" na área da teologia – *The women's Bible*, publicada nos Estados Unidos nos anos de 1895 e 1898. A obra resultou de um projeto coletivo de leitura e interpretação das narrativas bíblicas sobre as mulheres ou das que se caracterizavam pela sua ausência, coordenado pela teóloga presbiteriana Elizabeth Cady Stanton, que abriu caminho para a hermenêutica feminista crítica (Freitas, 2003; Furlin, 2023; Gebara, 2008; Rosado, 2001).

A partir da década de 1960, influenciadas pelo surgimento do movimento feminista, mulheres inseridas nas igrejas e religiões passam a adotar a perspectiva feminista no seu fazer teológico. Uma obra de grande destaque foi a da teóloga católica e filósofa feminista Mary Daly, intitulada *A Igreja e o segundo sexo*, em menção à obra *O segundo sexo*, da escritora francesa Simone de Beauvoir (1949), contudo fazendo a crítica ao cristianismo patriarcal[45].

A trajetória da teologia feminista foi marcada por outros fatores e obras[46], porém destacamos aqui a obra *As origens cristãs a partir da mulher*, da teóloga americana Elisabeth Schüssler Fiorenza, que

44. O conceito "lugar de fala" remete à localização social do sujeito ou de sua posição na estrutura das relações de poder hierárquicas. No caso do tema abordado aqui, tem a ver com as experiências coletivas que as mulheres compartilham em um sistema de cultura patriarcal (Ribeiro, 2019).

45. Outras obras que marcaram o pensamento das teólogas feministas emergentes foram: *A mística feminina* (1963), de Betty Friedan, e *Política sexual* (1970), de Kate Millet.

46. Para detalhes sobre essa trajetória, cf. Rosado (2001) e Furlin (2023).

analisa o processo de patriarcalização da Igreja e da teologia cristã, propondo a metodologia da *hermenêutica crítica feminista* para a leitura bíblica como uma estratégia metodológica para reinterpretar os textos bíblicos patriarcais. Isso seria possível por meio de um olhar apurado ao contexto histórico social e cultural dos fatos, em vista da reconstrução teológica feminista das origens cristãs. A perspectiva feminista da hermenêutica coloca acento na *suspeita* e na *imaginação* como estratégia para a crítica que pretende, ou seja, para a desconstrução dos significados reproduzidos pelo discurso patriarcal em relação às mulheres (Furlin, 2023; Oliveira, 2006). No Brasil[47], entre outras, damos destaque à contribuição da teóloga e filósofa Ivone Gebara, que propõe uma epistemologia feminista teológica, que parte da crítica à epistemologia fundante da teologia patriarcal, denunciando-a não somente como androcêntrica, mas também como etnocêntrica (Schultz; Muñoz; Roese, 2019).

A teologia feminista adotou a categoria de experiência das mulheres, oriunda das epistemologias feministas, como estratégia para a desconstrução dos significados sobre o feminino produzido pelos saberes androcêntricos. Partia da concepção de que o fazer teológico masculino tinha como fundamento a revelação divina ou a percepção de Deus desde uma visão patriarcal e centrada na racionalidade. Por sua vez, as teologias elaboradas pelas mulheres, além da dimensão da racionalidade reflexiva, incluíam também a dimensão humana das experiências da vida real das mulheres, no seu cotidiano existencial e da maneira como celebravam a fé cristã. Assim, a experiência das mulheres se tornou um critério de avaliação e de discernimento diante das verdades universais, que haviam invisibilizado as experiências femininas nos conteúdos teológicos (Deifelt, 2003).

---

47. Vale ressaltar que na América Latina a teologia feminista começou a se articular a partir do contexto da teologia da libertação e ganhou autonomia partir de suas especificidades teórico-metodológicas.

A experiência das mulheres consistiu em uma chave importante para a produção teológica que, inicialmente, na América Latina foi nomeada de *teologia na ótica da mulher*[48]. Esse fazer teológico não somente representou uma contribuição nova para campo do saber teológico, mas também permitia às mulheres uma ética de si, em que elas passavam a ser sujeitos de produção de saberes, cuja tarefa lhes havia sido historicamente negada. Em outras palavras, elas se constituíam sujeitos femininos de saber, assumindo o poder de enunciação e de reflexão sobre si e sobre suas experiências de fé (Furlin, 2023).

Vale ressaltar que inicialmente a teologia feminista brasileira valorizou a categoria experiência desde uma perspectiva universal, associada a atributos como algo inerente de uma essência feminina, de modo que essa teologia se vinculava diretamente à corrente do feminismo da diferença, da década de 1970. O feminismo da diferença se fundava em bases dicotômicas e buscava afirmar uma identidade própria da mulher, oposta à masculina. A categoria de mulher era usada no singular. Ao defender uma especificidade de gênero, pretendia-se afirmar uma identidade feminina diferente da dos homens, e não mais do "Outro", excluído da história. Ou seja, as mulheres poderiam ser incorporadas ao modelo analítico a partir de suas diferenças e especificidades (Furlin, 2021a).

A "espiritualidade feminina" era percebida como dotada de características singulares, como uma predisposição para a relacionalidade, a gratuidade, a sensibilidade, o mistério que define um sentir Deus de outro modo. Essa referência ganhou cores, por meio do resgate das heroínas bíblicas, na relação com as mulheres pobres

48. O termo "teologia feminista" foi adotado em dezembro de 1993 em um encontro regional da Associação Ecumênica das Teólogas e Teólogos do Terceiro Mundo, realizado no Rio de Janeiro. Antes, essa produção era nomeada como *teologia da mulher, teologia na ótica da mulher* ou *teologia feminina* (Deifelt, 2003).

das comunidades eclesiais. Também se investiu na reflexão de uma nova compreensão das imagens de Deus, da Trindade, de Maria, de Eva e das passagens bíblicas em que Jesus ou os apóstolos davam destaque às mulheres de seu tempo. Essa estratégia, segundo Fabíola Rohden (1995), tinha a função política de promover a visibilidade às mulheres ocultadas pela história da Igreja cristã e a "feminização" dos conceitos teológicos, marcados pelo privilégio feminino.

Ao centrar-se sobre uma especificidade feminina não se considerava a diversidade de experiências femininas marcadas pela cultura, pela classe, pela geração e por raça/etnia, mas antes se valorizavam atributos universais associados à construção social da diferença feminina (afeto, paixão, corpo) que, ao longo da história, foram considerados culturalmente inferiores e impróprios para o mundo da razão. Poder-se-ia dizer que, com isso, elas realizam uma espécie de *contramemória* ou de *transcendência*, no sentido de Irigaray (2010), ou seja, a luta política era por positivar os valores e os significados do feminino que foram concebidos como "pejorativos" no discurso da teologia tradicional.

Na visão das teólogas feministas, os valores femininos inseridos na teologia possibilitavam uma "produção diferente" da teologia tradicional, "mais concreta e próxima da vida", uma vez que concebiam que as mulheres eram portadoras de uma experiência singular (Furlin, 2023). Aparentemente, isso leva para a armadilha de uma nova essencialização, criticada pelos feminismos mais contemporâneos. Contudo, quando se leva em consideração instituição eclesial, como uma estrutura patriarcal poderosa, isso pode ser lido como uma estratégia política necessária. Gatary Spivak (1985[49] *apud* Costa, 2002, p. 72) considera que "invocações públicas da 'mulher' como 'essencialismo positivo' ou 'estratégico' é ainda uma po-

49. SPIVAK, G. C. Interview with Angela McRobbie. *Block*, n. 10, p. 5-9, 1985.

sição que as feministas devem arriscar, embora 'conscientes quanto aos limites do (auto)posicionamento – individual e coletivo' –, de forma que este possa ser estrategicamente efetivo"[50].

As teologias feministas contemporâneas têm assumido a posição teórica das *diferenças dentro da diferença*, que foi mobilizada pelas construções feministas da década de 1980, quando incorporaram as diferenças intragênero[51], considerando que a existência de diferentes mulheres é atravessada por marcadores sociais de classe, raça/etnia, sexualidade, cultura e religião. Essa outra visão foi possível a partir da emergência do conceito de gênero, que veio mostrar que não existe o homem e a mulher como categorias universais, ou uma essência masculina e feminina fixa, determinada pela biologia, mas que o feminino e o masculino são construções sociais, culturais, históricas e contextuais, de modo que as identidades de gênero, masculinas e femininas, estão sempre se constituindo e são instáveis, e portanto passíveis de serem transformadas por contextos sociais e culturais em momentos distintos da história (Furlin, 2021a; Louro, 2014). Assim, as teologias feministas passam a considerar as experiências das mulheres, com acento em sua diversidade, como ponto de partida e fonte do fazer teológico. Enquanto as religiões continuam operando com conceitos fixos, as teologias feministas propõem insurgir contra as estruturas e os conceitos fixos, buscando incluir as mulheres e fazer novas leituras do simbólico nos discursos bíblicos ou teológicos, acompanhando os movimentos de mudança da sociedade.

---

50. Spivak também alerta que tal postura deve ser tomada em constante vigilância diante do risco da essencialização. Judith Butler (2009) critica Spivak e escolhe o conceito de "posicionalidade estratégica" em vez de "essencialismo estratégico", a fim de alertar sobre os perigos políticos do uso dos signos identitários.

51. Essa nova vertente fez crítica à existência de uma suposta identidade feminina universal, unificada na categoria de "mulher".

Nos anos de 1990, em um contexto de globalização econômica e de cultura transnacional, houve o apelo para o reconhecimento das identidades múltiplas e das diferenças. Nas epistemologias feministas passa-se a falar em *posicionalidades relacionais*, em que os marcadores de gênero, raça/etnia e classe passam a ser analisados não mais separadamente, "mas como um movimento diluente e de atravessamentos" (Furlin, 2021a). Nesse cenário, as concepções teóricas de feministas pós-estruturalistas – Judith Butler, Teresa de Lauretis e Donna Haraway – ganham destaque. Aparecem estudos sobre sexualidades, corporalidades e práticas sexuais que transcendem as relações binárias de gênero, que se pautavam nas normas da heterossexualidade. Ou seja, as fronteiras que delimitavam identidades (eu/outro, corpo/mente, homem/mulher) passam a ser diluídas e transcendidas (Furlin, 2021a).

Para essas novas possibilidades, Donna Haraway (1995b) assume a noção de *posicionalidade localizada ou situacional*[52] para indicar o lugar a partir do qual um sujeito fala. Na construção científica, isso possibilita verificar os valores que estão mobilizados, construídos nos processos de produção científica ou de ação política, descartando a existência de um posicionamento universal e neutro. Assim, por meio do conceito de *posicionalidade situacional*, é possível conceber que todo sujeito da ação social e do conhecimento é atravessado por um conjunto de diversos fatores ou marcadores sociais, como sexo, gênero, classe, raça/etnia e religião, que interferem em sua visão de mundo (Furlin, 2021a; Hita, 2002).

Essas novas concepções teóricas também têm sido assumidas por teólogas, e isso pode ser evidenciado no argumento de Ivone Gebara (2006), segundo a qual a teologia feminista foi incorporando uma série de desdobramentos, de modo que não se pode afir-

52. Neste conceito, ela insere a sua noção de saberes situados.

mar que existe apenas uma única teologia, mas teologias feministas que emergem em contextos diferentes, cujo centro de reflexão se traduz na afirmação da dignidade feminina, em suas múltiplas faces. Essa compreensão, no universo da produção dos saberes teológicos, aproxima-se da posição dos estudos feministas atuais, que priorizam a *política de localização* ou de *posicionalidade situacional* para pensar as subjetividades atravessadas por diversos marcadores da diferença, sendo as identidades femininas constituídas por uma multiplicidade de experiências que se justapõem. De certa maneira, isso corresponde à tendência geral do feminismo, que é plural.

As tendências epistemológicas aqui descritas emergiram das novas possibilidades que foram sendo problematizadas a partir da realidade concreta da vida das mulheres e pessoas que destoam do enquadramento binário de sexualidade e de gênero. Contudo, não se pode dizer que houve um processo linear de superação de um modelo pelo outro, porque essas diversas perspectivas convivem de maneira sobreposta. Essa mesma realidade também pode ser constatada entre as diversas teologias feministas, uma vez que ainda se produzem saberes teológicos com base nos pressupostos do feminismo da diferença. Todas essas tendências teórico-metodológicas são atravessadas por concepções de gênero, porque mobilizam noções de identidade feminina, mesmo que o gênero não seja acionado como conceito ou categoria analítica.

Compreendendo o conceito de gênero

Na visão das ciências sociais, o gênero é um *conjunto de atributos acerca da masculinidade e da feminilidade*, de modo que os significados sobre o que é feminino e o que é masculino são sempre uma construção histórica, social e cultural, e nunca uma determinação da natureza. Ou seja, as características sociais que se atribuem a homens e mulheres em determinada sociedade, como comportamentos, funções sociais e responsabilidades, não derivam da condição de sexo, como determinação biológica, mas resultam da construção cultural pautada nas relações desiguais de poder.

O conceito de gênero[53] emerge no fim da década de 1960, quando o feminismo, além das lutas sociais e políticas por direitos das mulheres, voltou-se para as construções teóricas, buscando produzir novas ferramentas para compreender a realidade das desigualdades entre homens e mulheres, já que as existentes não tinham esse potencial[54]. Ou seja, esse conceito surge dentro do campo de estudos feministas, que inicialmente se configurava como estudos sobre mulheres. Foi na década de 1980, com a importante contribuição da historiadora francesa Joan Scott, que o gênero se consolidou como uma categoria de análise social, de modo que foi utilizado para compreender a história das mulheres, não mais de forma isolada, mas na relação com as estruturas de poder androcêntricas. Scott (2019) evidenciou que existe uma articulação entre gênero e as relações de poder, as quais produzem hierarquias e desigualdades sociais.

O gênero não só aparece como constituidor das relações sociais, mas também como uma relação de poder, em que se ordenam os fatos socioculturais da existência humana (Furlin, 2014). As representações de gênero, ou sobre o que é ou deve ser o masculino e o feminino, constituem as relações sociais, uma vez que elas operam por meio de normas, símbolos e discursos que organizam as instituições sociais. Tais representações exercem poder na constituição das subjetividades femininas e masculinas e na reprodução

53. É necessário ressaltar que o conceito de gênero como abordagem teórico-analítica teve vários desdobramentos históricos. Sobre isso, cf. Furlin (2014) e Veiga e Pedro (2019).

54. A categoria de classe não permitia analisar as diferenças que existiam dentro de uma mesma classe. Por exemplo, as pessoas que tinham seus corpos marcados pela diferença de sexo e raça sofriam opressões múltiplas, para além das de classe.

das hierarquias e dos binarismos de gênero. Vale ressaltar que o conceito de gênero é mobilizado de forma distinta pelas diferentes vertentes do feminismo.

Quando falamos em gênero não estamos falando de mulheres, mas de relações sociais que abrangem homens e mulheres; relações que, ao longo da história, foram constituídas na sociedade, tomando por base as diferenças biológicas sexuais, como se elas fossem determinantes de comportamentos e funções sociais. Essas relações, que tomaram por base uma suposta essência biológica, acabaram estruturando hierarquias sociais, em termos de distribuição desigual do poder entre homens e mulheres. E quando falamos em relações de poder estamos nos referindo ao poder de acesso ou não aos bens materiais e simbólicos de uma determinada sociedade. É justamente por questionar essa realidade que o conceito de gênero se tornou uma categoria de análise importante dentro dos estudos feministas.

É necessário, ainda, destacar que o conceito de gênero possibilitou a abertura de novos campos de pesquisa que, ao mesmo tempo que se distanciam do feminismo, também o complementam, como é o caso dos estudos sobre masculinidades e identidades LGBTQIA+. Desse modo, pode-se afirmar que o campo dos estudos de gênero é amplo e complexo e inclui todos os saberes que tomam a categoria analítica de gênero como uma ferramenta potente para a compreensão da realidade e a produção de conhecimento e como uma ferramenta política de emancipação das mulheres e minorias sexuais. É nesse rol de saberes e de intencionalidades, direcionados à transformação das estruturas e das relações de gênero, que as teologias feministas estão inseridas no campo dos estudos de gênero.

Vale ressaltar que o gênero, além de uma categoria analítica, é também uma categoria política, pelo seu potencial em desconstruir e desnaturalizar as relações fixas, pautadas em binarismos de gênero, em vista da defesa dos direitos de todas as pessoas. O conceito de gênero tem sido usado como uma categoria transversal na produção de políticas sociais e identitárias com vistas à construção de relações de justiça social e de uma cultura de igualdade e equidade de gênero[55].

A expressividade das pesquisas que incorporaram o conceito de gênero deram origem ao campo de estudo específico e interdisciplinar nomeado como estudos de gênero. Para os estudos de gênero não existe uma ordem natural para atributos comportamentais, papéis e funções sociais para homens e mulheres, como se fosse uma determinação biológica da diferença dos sexos. As identidades humanas são compreendidas como "não fixas" e passíveis de ressignificação constante. Nesses estudos ganham relevância as relações de poder e as interseccionalidades de classe, raça/etnia, geração e orientação sexual, cujos estudos ganharam maior complexidade nos últimos anos. Assim, pelo fato de a teologia feminista assumir o conceito de gênero como uma das mediações na produção do saber teológico, ela se insere no campo dos estudos de gênero.

A incorporação do gênero na teologia feminista

A incorporação da categoria de gênero nos feminismos ampliou as possibilidades teóricas de compreensão da realidade e das relações sociais. Isso porque ele possibilita a crítica não somente dos valores androcêntricos, que atravessam os discursos científicos, como também das estruturas, das normas e práticas sociais que exercem poder na configuração da realidade material das relações sociais e na produção de subjetividades, que precisam se adequar à ordem social normativa de gênero.

---

55. Por esse seu potencial transformador das relações sociais e culturais, setores conservadores da política e da religião construíram uma narrativa distorcida do conceito de gênero. Inventaram a narrativa da "ideologia de gênero", com fins políticos de provocar pânico moral na opinião pública, tornando-o um instrumento reacionário para conter os avanços sociais acerca dos direitos das mulheres e das pessoas LGBTQIA+. Para outras informações, cf. Junqueira (2017) e Furlin (2021b).

Na teologia feminista a categoria analítica de gênero, na perspectiva metodológica da construção e da desconstrução do pós-estruturalismo de Jacques Derrida, passou a ser um importante instrumental de análise. Isso tornou possível não somente desnaturalizar os papéis sociais atribuídos às mulheres e aos homens, mostrando que esses são sempre construções sociais, mas também identificar como as relações de poder impõem limites e expectativas sociais por meio da normalização dos padrões de comportamento aceitáveis ou não para cada sexo (Deifelt, 2003).

Segundo a teóloga Delir Brunelli (2000), a categoria de gênero constituiu um diferencial importante para a teologia feminista, porque representou uma nova abordagem epistemológica e metodológica, que permitiu ir além da "feminilização" de conceitos bíblicos teológicos, tarefa que haviam realizado nos primeiros momentos de sua produção acadêmica. Em outras palavras, tornou-se uma ferramenta que possibilitou desnaturalizar e desconstruir tratados que eram, mais do que qualquer coisa, expressão de uma visão abstrata e masculina.

> A análise de gênero questiona a própria estrutura do pensamento teológico e provoca uma mudança significativa nessa estrutura. Gênero, portanto, não é só uma mediação hermenêutica, é também uma mediação epistemológica. Faz perceber que a teologia é masculina não só porque foi sempre produzida por homens, mas porque se desenvolveu numa cultura na qual o masculino era o normativo, e porque se serviu de um conhecimento filosófico produzido dessa forma. Por isso o discurso teológico "universal" é androcêntrico. Muitas afirmações apresentadas como sendo do "humano", na realidade, referem-se à experiência e à percepção masculina (Brunelli, 2000, p. 216).

A incorporação da categoria de gênero, como perspectiva epistemológica, mostra que a teologia feminista é parte de uma rede de saberes produzidos por mulheres em diferentes contextos, tanto nas organizações sociais quanto na academia. Em conformidade com os estudos de gênero, a teologia feminista passou a incorporar outros temas antes não considerados pertinentes, como a questão do poder, das desigualdades de gênero, da corporeidade, da sexualidade, da violência sexista, dos direitos reprodutivos, do ecofeminismo e do próprio método teológico – o que, para a teóloga Marga J. Ströher (2005), provocou deslocamentos teológicos em todas as áreas da teologia.

O gênero e a corporeidade não somente se tornam temas pontuais da teologia feminista, como também são considerados "mediações hermenêuticas" (Ströher, 2005, p. 118) do fazer teológico das mulheres. Em consonância com as discussões contemporâneas do feminismo, a teologia feminista compreende o corpo como uma construção contínua, contextual, marcada por diferentes experiências sociais, relações, afetos, linguagem. A corporalidade passa a ser um critério político e ético para a produção de uma teologia crítica e contextualizada, de modo que é possível afirmar que a teologia feminista, no seio das construções de teologias históricas, é um saber insurgente e uma tecnologia com potência de produzir novas subjetividades femininas e resgatar a dignidade das mulheres (Furlin, 2023).

Finalmente, podemos afirmar que a categoria analítica de gênero se tornou crucial para compreender fenômenos relativos às religiões, porque, apesar da existência de um processo de secularização da sociedade, a produção e a reprodução de sistemas simbólicos religiosos continuam exercendo poder na produção de subjetividades e nas relações sociais que se estabelecem entre homens e mulheres.

E afinal, qual é o lugar da teologia feminista no conjunto dos estudos de gênero?

Os aspectos abordados até aqui deixam evidências da intersecção desses campos de saber e de suas especificidades. A teologia feminista, em sua trajetória, foi se complexificando, seja pelas diferentes correntes, seja pelas novas mediações teóricas e epistemológicas que ela foi incorporando ao seu fazer teológico, inclusive a categoria de gênero, que ampliou a abordagem crítica e o horizonte de compreensão e de problematização das relações que se estabelecem no campo religioso, como bem apontou Delir Brunelli (2000).

Portanto, a teologia feminista é considerada parte dos estudos de gênero devido à sua abordagem interdisciplinar e aos objetivos comuns, que preveem a promoção de igualdade e equidade de gênero nas relações sociais. Contudo, ela mantém o foco específico na religião, o que a diferencia como um campo distinto dentro dos estudos de gênero. Essa dualidade permite que a teologia feminista se utilize das teorias e metodologias dos estudos de gênero, ao mesmo tempo que contribui com perspectivas únicas sobre a intersecção entre gênero e religião.

Como um campo específico de saber, voltado ao universo religioso, a teologia feminista, em suas diferentes vertentes, faz crítica às estruturas patriarcais das religiões que hierarquizam relações e produzem desigualdades, e reinterpreta textos sagrados a partir da hermenêutica crítica feminista, visando valorizar as experiências e vozes das mulheres para dar protagonismo e visibilidade ao universo feminino no interior das religiões, já que elas haviam sido invisibilizadas e silenciadas pelos discursos teológicos hegemônicos. A teologia feminista, ao propor a desconstrução e a reconstrução como perspectiva metodológica na análise dos discursos teológicos tradicionais, visa à ressignificação do papel do cristianismo como uma religião que potencializa a justiça e a não violência. Já os estudos de gênero são um campo interdisciplinar, constituído por diversas áreas do conhecimento, que tomam como fundamento metodológico a categoria de gênero, direcionando o foco de análise para diferentes cenários da vida social, como a política, a economia, o trabalho, a educação, a religião etc. Esses estudos mostram como o patriarcado opera nas estruturas políticas, sociais e culturais da sociedade e como essas relações podem ser desconstruídas. Os estudos de gênero não somente analisam narrativas e práticas culturais, no intuito de compreender como o gênero é construído, mas também buscam dar visibilidade às narrativas e experiências de pessoas marginalizadas por sua identidade de gênero. Ou seja, procuram incluir na sociedade as mulheres e pessoas que não se enquadram na norma da heterossexualidade, de modo a fazer uma crítica aos binarismos de gênero, desvendando como a heteronormatividade é construída e reproduzida pelas estruturas sociais.

A partir dessas considerações a teologia feminista pode ser vista como um subcampo especializado dentro dos estudos de gênero. Atua como um espaço de diálogo e colaboração, trazendo contribuições específicas do campo religioso, cujas contribuições podem mobilizar novas estratégias para promover a igualdade de gênero tanto dentro quanto fora das instituições religiosas.

É evidente que existe uma relação de interseção entre a teologia feminista e os estudos de gênero, não apenas como uma área de estudo acadêmico, mas também como um campo de práticas transformadoras. Ambos compartilham um compromisso com a promoção da justiça social e com a igualdade e a equidade de gênero. A teologia feminista trabalha para acabar com a opressão de gênero dentro das instituições religiosas e na sociedade em geral. Os estudos de gênero, por sua vez, abordam questões de desigualdade e discriminação de gênero em diversas áreas, incluindo trabalho, educação, saúde e política. Tanto a teologia feminista quanto os estudos de gênero reconhecem a importância da interseccionalidade – a ideia de que as experiências de opressão e privilégio são moldadas por múltiplas identidades sociais (como raça, classe, orientação sexual etc.).

Assim, ao compreender o gênero como uma categoria analítica produzida a partir das abordagens feministas, parafraseamos Cecilia Maria Bacellar Sardenberg (2007, p. 2) afirmando que a teologia feminista é "um saber alavancado em uma perspectiva crítica feminista de gênero". Nas suas diferentes vertentes, a teologia feminista dialoga com as epistemologias feministas do mundo contemporâneo, porque se constitui como um contradiscurso ou uma *contramemória* aos discursos simbólicos da teologia androcêntrica masculina. Para a filósofa italiana Rosi Braidotti (2004), a *contramemória* é uma estratégia que produz efeitos de uma afirmação positiva acerca do sujeito "Mulher". Ou seja, desloca a concepção de sujeito unificado e centralizado e desestabiliza identidades fixas, abrindo espaços para outras possibilidades, não programadas na memória dominante, que atualizam e se concretizam como potencialização afirmativa.

Desafios e potencialidades da Teologia Crítica Feminista de Gênero

Hoje as teologias feministas ganharam legitimidade no mundo acadêmico. Contudo, no universo religioso, e inclusive no espaço acadêmico, elas continuam encontrando resistência. Há uma espécie de "medo" do termo "feminista" e, nas últimas décadas, também do termo "gênero", sobretudo a partir da IV Conferência Mundial das Mulheres, realizada em 1995 pela Organização das Nações Unidas (ONU). A ONU passou a orientar que o conceito de gênero fosse adotado nas diferentes nações, não somente para compreender a realidade das desigualdades sociais, educacionais e econômicas das mulheres, mas também como uma estratégia de política pública, com vista à construção de uma cultura pautada na igualdade de gênero e na erradicação das violências contra as mulheres (Furlin, 2021b)[56]. Foi a partir desse fato que apareceu a gênese da narrativa que foi chamada de "ideologia de gênero", como

56. É nesse contexto que começa a aparecer uma ofensiva ao gênero por parte de setores conservadores do catolicismo romano.

um instrumento político-religioso para conter o avanço de políticas que promovem os direitos das mulheres e das pessoas LGBTQIA+.

É possível compreender que essa ofensiva, por parte de setores religiosos conservadores, surgiu porque os estudos de gênero e feministas se tornaram uma tecnologia de mudança de mentalidade cultural e uma ferramenta de emancipação das mulheres e de descolonização do pensamento. E isso "assusta" estruturas religiosas que querem manter uma ordem fixa de mundo, pautada na hierarquia de gênero que privilegia o poder masculino, branco, ocidental e cis-heteronormativo[57]. Uma ordem de mundo que exclui sujeitos do acesso ao poder e aos bens simbólicos; que desqualifica saberes considerados subalternos ou inferiores; que dita normas quanto a quais corpos importam, construindo, assim, uma dinâmica de existência humana que nada tem a ver com o Evangelho.

As tensões e resistências sobre a teologia produzida a partir de referenciais das epistemologias feministas e dos estudos de gênero foram evidenciadas no meu estudo de tese que originou o livro *Relações de gênero e subjetividades*. As teólogas entrevistadas mencionaram que os temas que envolvem as abordagens de gênero são marcados por reações de preconceito e discriminação no campo do saber teológico. Elas muitas vezes são advertidas pelos seus pares de que investir em tais conteúdos é algo desnecessário que "provoca tensões". Nesse sentido, Djamila Ribeiro (2019), em sua obra *Lugar de fala*, menciona que falar em opressão de gênero passa a ser visto como algo chato ou como forma de deslegitimação. Quando as mulheres tomam consciência sobre o que significa desestabilizar a norma hegemônica, isso passa a ser visto como inapropriado ou agressivo, justamente porque essa posição está confrontando o poder de sujeitos historicamente privilegiados nas estruturas hierárquicas. As

57. Refere-se à ideia da construção de uma sociedade na qual a norma é que todos os corpos se desenvolvam tornando-se cisgênero e heterossexuais.

tensões que são geradas no universo da teologia em relação a gênero ou ao feminismo é algo que se conecta com questões colocadas pelos estudos feministas em outras áreas acadêmicas e que, não raramente, geram tensões e posturas de resistência por parte de centros acadêmicos ou de sujeitos do conhecimento (Furlin, 2021a).

Tais tensões e preconceitos tendem a desqualificar ou conter a emergência dos saberes alternativos, porque a teologia feminista busca visibilizar as dinâmicas de poder de um discurso que se produziu como "verdadeiro" e que sustentou, historicamente, uma ordem hierárquica de gênero e de poder. Por outro lado, as teólogas feministas, em seus relatos, estão conscientes do potencial produtivo desse saber, que constitui uma ferramenta política de desconstrução e desnaturalização dos significados de gênero produzidos pelo discurso hegemônico e masculino, que já não diz mais nada para a vida das mulheres. Ao mesmo tempo, é uma ferramenta de reinvenção da subjetividade feminina, que sustenta um processo coletivo de emancipação eclesial para as mulheres (Furlin, 2021a).

Por tudo o que escrevi neste capítulo, eu me dou o direito de usar a expressão Teologia Crítica Feminista de Gênero, porque acredito que o conjunto desses saberes que atravessam cada um dos termos são ferramentas cruciais para promover a justiça social de gênero e para construir uma cultura de igualdade e equidade de gênero em uma Igreja que vem dando passos lentos nessa direção, quando comparada a outros cenários da sociedade.

E como já tenho escrito outras vezes, o feminismo, como um conjunto de saberes e de movimentos, tem se tornado uma importante ferramenta de luta democrática, por questionar os campos de ação política que produzem hierarquias e desigualdades de gênero, em vista da construção da justiça da democracia de gênero[58]. "A

58. "A democracia de gênero é um conceito normativo que postula direitos iguais, chances iguais, acesso aos recursos econômicos e ao poder político de maneira igual para homens e mulheres" (Furlin, 2020, p. 128).

democracia de gênero requer a renovação de todas as estruturas sociais que reproduzem injustiças e modelos estereotipados entre os sexos" (Furlin, 2020, p. 128), e isso é também uma urgência no universo das religiões cristãs.

Neste ínterim, trago aqui um pensamento acerca da potência da teologia feminista, descrito na contracapa de meu livro *Teologia feminista* – e, no exato momento em que escrevo este texto, recebo a notícia de que ele é um dos finalistas do primeiro Prêmio Jabuti Acadêmico, da Câmara Brasileira do Livro (CBL), na categoria Ciências da Religião e Teologia[59].

> A Teologia Feminista é uma espécie de conhecimento insurgente, no sentido proposto por Michel de Foucault. Isto é, não está contra os métodos, conteúdos e conceitos teológicos, mas contra os efeitos dos discursos simbólicos da teologia tradicional que, ao longo da história, produziu o feminino como inferior e desqualificado para os espaços de liderança eclesial e para atividades intelectuais. A Teologia Feminista é, ainda, uma tecnologia de gênero porque, ao ressignificar discursos e imagens simbólicas da teologia tradicional, constrói outras narrativas e significados com poder de produzir novas subjetividades femininas (Furlin, 2023, contracapa).

Assim, as teologias feministas apresentam uma proposta engajada de transformação das relações sociais de gênero no espaço eclesial, não somente porque seus enunciados produzem novos significados de gênero, cuja reiteração se torna potência para a reinvenção das subjetividades femininas, mas também porque questionam as relações que produzem desigualdades, assinalando a

59. O reconhecimento desta obra é também a valorização de uma temática tão importante para a emancipação das mulheres no cenário religioso, lugar onde temas assim ainda encontram resistência.

necessidade de mudanças nas estruturas androcêntricas, que ainda dão sustentação ao cristianismo.

Ou, referindo-me às concepções teóricas da filósofa feminista Judith Butler (2009), os enunciados da Teologia Crítica Feminista de Gênero, como aqui estou chamando, emergem desde as "margens sociais" ou dos poderes instituídos para a produção do conhecimento, como uma ação de sujeitos – que são mulheres, historicamente silenciadas, por serem consideradas desqualificadas ou não inteligíveis para a atividade intelectual –, que se tornam agora sujeitos ativos de uma teologia pautada em outras perspectivas teóricas e metodológicas. Trata-se, então, de uma agência que rompe com lógicas hegemônicas e coloca em cena novas cadeias reiterativas, que criam as condições para os processos de mudanças socioculturais.

Esses novos enunciados, considerados "perigosos" por agentes conservadores, tem poder de performar novas práticas, novas subjetividades e novas relações no cenário eclesial. Assim, as diversas teologias feministas, como parte do campo dos estudos de gênero, são enunciados ou histórias que importam, porque podem empoderar, humanizar e resgatar a dignidade das mulheres, uma vez que outrora outras histórias ou enunciados foram usados para discriminar, inferiorizar e excluir as mulheres dos processos históricos. Chimamanda Ngeze Adichie (2019, p. 32) afirma: "As histórias importam. Muitas histórias importam. As histórias foram usadas para espoliar e caluniar, mas também podem ser usadas para empoderar e humanizar. Elas podem despedaçar a dignidade de um povo, mas também podem reparar essa dignidade despedaçada".

O conjunto das teologias feministas, que incorporaram gênero em sua análise, faz parte das teorias críticas modernas que têm poder de desvendar como os corpos generificados são construídos e produzir novos significados para que esses corpos tenham a possibilidade de um futuro (Haraway, 1995a) também no cenário religioso eclesial. Oxalá que esses tempos cheguem na sua plenitude! Que as mulheres, no seio das igrejas e das religiões, continuem resistindo e produzindo teologias desde esses paradigmas "perigosos", para que os novos ventos cheguem e renovem as estruturas eclesiais em favor da igualdade na dignidade e na distribuição da autoridade.

Esse caminho é possível, mas precisa ser construído junto, por homens e mulheres, pela força de vida e de luz que brota de cada um e cada uma. E, durante essa trajetória, "não nos afastemos, não nos afastemos muito, vamos de mãos dadas", como diria Drummond de Andrade. Para isso, o feminismo precisa ser abraçado por todos e todas como uma ferramenta de justiça social.

> O feminismo não é um racionalismo duro, não é um tribunal da história passada, mas um modo de inclusão, uma luta por justiça, um sinal de que a humanidade – homens e mulheres – podem se entender sempre de novo, a partir de referentes nascidos de suas próprias entranhas (Gebara, 2008, p. 135).

Referências

ADICHIE, C. N. *O perigo de uma história única*. Tradução de Julia Romeu. São Paulo: Companhia das Letras, 2019.

BEAUVOIR, S. de. *O segundo sexo*: fatos e mitos. São Paulo: Círculo do Livro, 1949. v. 1.

BRAIDOTTI, R. *Feminismo, diferencia sexual y subjetividad nómade*. Barcelona: Gedisa, 2004.

BRUNELLI, D. Teologia e gênero. *In*: SUZIN, L. C. (org.). *Sarça ardente*: teologia na América Latina – Prospectivas. São Paulo: Paulinas, 2000. p. 209-221.

BUTLER, J. Cambio del sujeto: la política de la resignificación radical de Judith Butler. *In*: CASALE, R.; CHIACHIO, C. (orgs.). *Máscaras del deseo*: una lectura del deseo en Judith Butler. Buenos Aires: Catálogos, 2009. p. 65-111.

COSTA, C. de L. O sujeito no feminismo: revisitando os debates. *Cadernos Pagu*, Campinas, n. 19, p. 59-90, 2002.

DEIFELT, W. Temas e metodologias da teologia feminista. *In*: SOCIEDADE DE TEOLOGIA E CIÊNCIAS DA RELIGIÃO (SOTER) (org.). *Gênero e teologia:* interpretações e perspectivas. São Paulo: Loyola, 2003. p. 171-186.

FREIRE, A. E. P. Perspectivas de gênero nos estudos da religião: contribuições das ciências feministas. *Interações: Cultura e Comunidade*, Belo Horizonte, v. 13, n. 23, p. 115-128, 2018.

FREITAS, C. Gênero/Teologia Feminista: interpelações e perspectivas para a teologia. *In*: SOCIEDADE DE TEOLOGIA E CIÊNCIAS DA RELIGIÃO (SOTER) (org.). *Gênero e teologia*: interpretações e perspectivas. São Paulo: Loyola, 2003. p. 13-33.

FURLIN, N. A categoria de gênero e o seu estatuto na produção do conhecimento: algumas considerações teóricas. *Sociais e Humanas*, Santa Maria, RS, v. 27, n. 2, p. 110-127, 2014.

FURLIN, N. A relação entre Estado e sociedade no processo de institucionalização das políticas de gênero no Brasil e Chile. *Revista Brasileira de Ciência Política*, Brasília, DF, n. 32. p. 169-206, 2020.

FURLIN, N. *Relações de gênero e subjetividades*: a docência feminina no ensino superior em teologia. Curitiba: Appris, 2021a.

FURLIN, N. Do gênero à "ideologia de gênero" no campo das políticas. *Revista Práxis Educacional*, Vitória da Conquista, v. 17, n. 44, p. 1-23, 2021b.

FURLIN, N. *Teologia feminista*: insurgência e subjetividades. São Paulo: Loyola, 2023.

GEBARA, I. *Compartir los panes y los peces*: cristianismo, teología y teología feminista. Montevidéu: Doble Clic, 2008.

GEBARA, I. Teologia Feminista e a crítica da razão religiosa patriarcal: entrevista com Ivone Gebara. *Revista de Estudos Feministas*, Florianópolis, v. 14, n. 1, p. 294-304, 2006.

HARAWAY, D. *Ciencia, cyborgs y mujeres*: la reinvención de la naturaleza. Madri: Cátedra/Universidad de Valencia-Ins de la Mujer, 1995b.

HARAWAY, D. Saberes localizados: a questão da ciência para o feminismo e o privilégio da perspectiva parcial. *Cadernos Pagu*, Campinas, n. 5, p. 7-41, 1995a.

HARDING, S. *Ciencia y feminismo*. Madri: Ediciones Morata, 1996.

HITA, M. G. Igualdade, identidade e diferença(s): feminismo na reinvenção de sujeitos. *In*: BUARQUE, H. de A. *et al.* (orgs.). *Gênero em matizes*. São Paulo: Edusf, 2002. p. 319-351.

IRIGARAY, L. *Ética de la diferencia sexual*. Vilaboa Espanha: Ellago Ensayo, 2010.

JUNQUEIRA, R. D. "Ideologia de gênero": a gênese de uma categoria política reacionária – ou: como a promoção dos direitos humanos se tornou uma "ameaça à família natural". *In*: RIBEIRO, P. R. C.; MAGALHÃES, J. C. (orgs.). *Debates contemporâneos sobre educação para a sexualidade*. Rio Grande: Editora da Furg, 2017. p. 25-52.

LAURETIS, T. de. A tecnologia de gênero. *In*: HOLANDA, E. B. de (org.). *Tendências e impasses*: o feminismo como crítica da cultura. Rio de Janeiro: Rocco, 1994. p. 206-242.

LOURO, G. L. *Gênero, sexualidade e educação*: uma perspectiva pós-estruturalista. 16. ed. Petrópolis: Vozes, 2014.

MANNHEIM, K. A sociologia do conhecimento. *In*: MANNHEIM, K. *Ideologia e utopia*: introdução à sociologia do conhecimento. São Paulo: Globo, 1976. p. 245-289.

OLIVEIRA, E. C. P. de. Teologia feminista e poder. *In*: ENCONTRO DE PADRES CASADOS DO BRASIL, 5., 2006, Salvador, 2006. *Anais* [...]. Salvador: V Encontro de Padres Casados do Brasil, 2006. p. 1-8. Disponível em: http://www.oraetlabora.com.br/mpc/teologia_feminista_e_poder.htm#_ftnref9 – Acesso em: 10 jun. 2013.

RIBEIRO, D. *Lugar de fala*. São Paulo: Jandaíra, 2019. (Coleção Feminismos Plurais).

ROHDEN, F. *Feminismo do sagrado*: o dilema igualdade/diferença na perspectiva de teólogas católicas. Dissertação (Mestrado em Antropologia Social) – Universidade Federal do Rio de Janeiro, Rio de Janeiro, 1995.

ROSADO, M. J. O impacto do feminismo sobre o estudo das religiões. *Cadernos Pagu*, Campinas, n. 16, p. 79-96, 2001.

SARDENBERG, C. M. B. *Da crítica feminista à ciência a uma ciência feminista?* 2007. p. 1-35. Disponível em: https://repositorio.ufba.br/bitstream/ri/6875/1/Vers%c3%a3o%20FInal%20Da%20Cr%c3%adtica%20Feminista.pdf – Acesso em: 5 maio 2025.

SCHULTZ. A.; MUÑOZ, A.; ROESE, A. Teologia feminista. *In*: COLLING, A. M.; TEDESCHI, L. A. *Dicionário crítico de gênero*. 2. ed. Dourados: UFGD Editora, 2019. p. 281-285.

SCOTT, J. Gênero: uma categoria útil de análise histórica. *In:* HOLANDA, H. B. de (org.). *Pensamento feminista*: conceitos fundamentais. Rio de Janeiro: Bazar do Tempo, 2019. p. 49-82.

STRÖHER. M. J. A História de uma história: o protagonismo das mulheres na teologia feminista. *História Unisinos*, São Leopoldo, v. 9, n. 2, p. 116-123, 2005.

VEIGA, A. M.; PEDRO, M. J. Gênero. *In*: COLLING, A. M.; TEDESCHI, L. A. *Dicionário crítico de gênero*. 2. ed. Dourados: UFGD Editora, 2019, p. 330-333.

6

A leitura e a interpretação das Escrituras feitas pelas mulheres

Lucia Weiler

Introdução

Este capítulo insere-se no conjunto e na diversidade de reflexões sobre o tema TEOLOGIA DE MULHERES: DESAFIOS EPISTEMOLÓGICOS HOJE com uma abordagem bíblica. Tem como objetivo perseguir os caminhos da leitura e da interpretação das Escrituras feitas pelas mulheres. Sem pretender esgotar o assunto, a nossa abordagem visa considerar alguns elementos históricos das hermenêuticas bíblicas, predominantemente patriarcais, com destaque à luta persistente e insistente das mulheres. Porém, não podemos considerar a leitura feita pelas mulheres apenas à sombra das hermenêuticas patriarcais. Por isso destacamos, também, sua grande contribuição na leitura **fiel e criativa, crítica e afetiva, profética e sapiencial** da Bíblia, para que se torne Palavra de Deus viva e eficaz para todas as pessoas, sem privilégios nem exclusões.

A pergunta implícita no título é a sua formulação em termos de gênero. E se o título fosse "A leitura e a interpretação das Escrituras feitas pelos homens?" Seria óbvio demais, ou temos medo de mexer numa tradição milenar que foi consolidando uma chave de interpretação patriarcal única e universal das Escrituras? De fato, só se formos capazes de rever a leitura e a interpretação patriarcal feitas por homens e também por mulheres permitiremos que nossos olhos se abram para ver e acolher a novidade e a força transgressora de uma leitura e uma interpretação das Escrituras na ótica e com chaves hermenêuticas feministas feitas pelas mulheres e também por alguns homens. Aqui está o desafio e a problematização da questão.

1 Experiência - palavra - linguagem - escritura - cânon

O assunto proposto nos desafia em primeiro lugar a tecer algumas considerações gerais sobre a dinâmica da experiência que se torna palavra, oral e escrita, e se solidifica numa linguagem específica que constitui um corpo de textos chamado "escritura". Essa é a dinâmica de qualquer processo literário, e, em se tratando das Sagradas Escrituras, que para as igrejas cristãs é mais conhecida como Bíblia, precisamos considerar ainda o papel fundamental da canonização dos textos considerados sagrados através do Cânon Bíblico. Esse processo é ao mesmo tempo seletivo e legitimador.

Sabemos que cada palavra oral ou escrita quer ser expressão de uma experiência pessoal ou coletiva, de um sentimento, de uma convicção, de um sentido, de uma mensagem. Ela é o primeiro passo de uma comunicação, que somente se efetua quando há dois sujeitos: o que fala e o que ouve. A palavra escrita, mais do que a oral, passa por um processo de escolha cuidadosa e intencional.

Nenhuma escrita é neutra. Por isso em toda leitura, que também nunca é neutra, vale interrogar: Quem escreveu, para quem, com que intenção ou objetivo? Essas três questões tão simples nos alertam para a complexidade da linguagem e o cuidado que devemos ter com os textos escritos, ainda mais quando considerados "sagrados".

Sobre o cuidado que precisamos ter com a linguagem, temos o alerta de muitos autores, sobretudo na área da semiótica e da hermenêutica, mas também da literatura e da filosofia. "A linguagem é uma fonte de mal-entendidos" – essa frase, de Antoine de Saint-Exupéry, dita pela raposa ao Pequeno Príncipe durante o diálogo sobre cativar e criar laços, revela a limitação da linguagem em transmitir plenamente as experiências humanas mais significativas, como sentimentos e vivências subjetivas. Nessa esfera, as palavras geralmente são insuficientes e podem gerar mal-entendidos. O filósofo Ludwig Wittgenstein completa essa ideia dizendo: "A linguagem é um traje que disfarça o pensamento".

Por experiência sabemos que há sempre algo inefável que a linguagem é incapaz de expressar diretamente. Tal distinção nos leva a traçar os limites entre o dizível, que abrange proposições verificáveis, e o indizível, que engloba experiências humanas profundas, como sentimentos, ética, estética e mística. Essas experiências não podem ser plenamente expressas, mas se manifestam de forma indireta, através da metáfora, da parábola, da poesia, da música...

O silêncio, a contemplação, os gestos, os tempos, as pausas e os intervalos são muitas vezes mais adequados do que as palavras para expressar o mistério da vida. Alguém dizia, com razão, que a palavra é um pseudônimo da vida.

Aqui está o nó da questão hermenêutica em relação à leitura que mulheres fazem das Escrituras produzidas por homens. E logo se levanta a "suspeita" sobre alguns textos, nos quais, se não foram escritos por mulheres, pelo menos a experiência e a narrativa oral é delas. Milton Schwantes afirma, por exemplo, que se o livro de Rute não foi escrito por mulheres, porque isso não era permitido na época, seu conteúdo, sua trama nasce do caldo cultural feminino.

1.1 A dinâmica da escolha das palavras para a produção de um texto

Para ilustrar a arte da escolha das palavras para produzir um texto, um escrito, e no nosso caso vários textos e escrituras, vamos nos valer da poesia e do sonho de Helena Villagra, transmitidos por Eduardo Galeano (2002, p. 13):

> Na casa das palavras, sonhou Helena Villagra, chegavam os poetas. As palavras, guardadas em velhos frascos de cristal, esperavam pelos poetas e se ofereciam, loucas de vontade de ser escolhidas: elas rogavam aos poetas que as olhassem, as cheirassem, as tocassem, as provassem. Os poetas abriam os frascos, provavam palavras com o dedo e então lambiam os lábios ou fechavam a cara. Os poetas andavam em busca de palavras que não conheciam, e também buscavam palavras que conheciam e tinham perdido. Na casa das palavras havia uma mesa das cores. Em grandes travessas as cores eram oferecidas e cada poeta se servia da cor que estava precisando: amarelo-limão ou amarelo-sol, azul do mar ou de fumaça, vermelho-lacre, vermelho-sangue, vermelho-vinho...

Antes de ser escrita, a palavra é escolhida, provada, tocada para que expresse o que seu autor ou autores querem dizer. Simultaneamente, a palavra escrita expressa e nomeia a realidade. Não apenas recorda a vida perdida, mas também cria a realidade desejada. Assim, a palavra é um espaço aberto com infinitas possibilidades. Porém, quando se fixa numa escritura única, ela se torna um espaço limitado, e de certo modo fechado ou, como dizem alguns hermeneutas, enclausurado. Aqui gostaria de incluir a sabedoria de uma mulher, Viviane Mosé[60], que descobri recentemente nas minhas pesquisas através da navegação pela internet e que admiro muito, embora não a conheça pessoalmente. Suas considerações são muito pertinentes para o tema aqui abordado:

60. Viviane Mosé (Vitória, 16 de janeiro de 1964) é uma poetisa, filósofa, psicóloga, psicanalista e especialista em elaboração e implementação de políticas públicas. É mestra e doutora em filosofia pelo Instituto de Filosofia e Ciências Sociais da Universidade Federal do Rio de Janeiro. Publicou sua tese de doutorado, *Nietzsche e a grande política da linguagem*, em 2005 pela editora Civilização Brasileira. Disponível em: https://pt.wikipedia.org/wiki/Viviane_Mos%C3%A9

> A palavra participa o tempo todo da nossa vida, ela traduz o mundo, dá nome às coisas e aos nossos sentimentos. A linguagem é poderosa, ela cria e compartilha sentidos. Mas [...] a mesma palavra que tenta explicar a vida pode também limitar as possibilidades de sentido que a vida pode ter (Mosé, 2009).

De fato a clausura, ou o limite da palavra escrita, só será aberta através da leitura e da interpretação pelo leitor ou leitora. E para abri-la é preciso usar chaves hermenêuticas adequadas. Mais uma vez buscamos inspiração no poema "A função do leitor/1", de Galeano (2002, p. 14):

> Quando Lúcia Peláez era pequena, leu um romance escondida. Leu aos pedaços, noite após noite, ocultando o livro debaixo do travesseiro. Lúcia tinha roubado o romance da biblioteca de cedro onde seu tio guardava os livros preferidos.
>
> Muito caminhou Lúcia, enquanto passavam-se os anos. Na busca de fantasmas caminhou pelos rochedos sobre o Rio Antióquia, e na busca de gente caminhou pelas ruas das cidades violentas.
>
> Muito caminhou Lúcia, e ao longo de seu caminhar ia sempre acompanhada pelos ecos daquelas vozes distantes que ela tinha escutado, com seus olhos, na infância. Lúcia não tornou a ler aquele livro. Não o reconheceria mais. O livro cresceu tanto dentro dela que agora é outro, agora é dela.

Não é diferente das palavras e da linguagem bíblica. Isso significa que a mensagem da Bíblia que chamamos Sagrada Escritura só se torna de fato Palavra de Deus quando acolhida e interpretada. "A palavra está perto de ti, na tua boca no teu coração" (Dt 30,14; Rm 10,8). Não podemos falar numa leitura única, porque a própria Bíblia é constituída de inúmeras releituras. Assim, apenas para dar um exemplo bem evidente, encontramos várias narrativas da criação e do êxodo de acordo com as realidades, as tradições e os contextos diferentes. Nosso conhecido biblista Carlos Mesters, renomado em todo mundo, afirma que a mensagem de um texto sagrado sempre está envolvida por uma roupagem específica. Daí o binômio: "Mensagem e roupagem". O processo interpretativo, hermenêutico, é ultrapassar a roupagem, sem ignorá-la, para chegar à mensagem.

1.2 Da escolha das palavras e da linguagem à formação do Cânon bíblico e da formação do Cânon à recepção das Escrituras como Palavra de Deus

Uma das barreiras que cada mulher que lê as Escrituras deve superar ou ultrapassar é o fato de que tanto a escolha como a linguagem gerada com as palavras provêm de homens. E de homens numa visão de mundo patriarcal.

Aqui se situa a pergunta pela autoridade das Escrituras como Palavra de Deus. Uma questão complexa, na qual não podemos entrar aqui, mas deve estar presente na reflexão: as Escrituras que, pelo processo do Cânon, tornaram-se um livro sagrado, conhecido como Bíblia, não podem ser idênticas à "Palavra de Deus". Elas se tornam Palavra de Deus através da recepção, e por isso o sujeito e a ótica da leitura e da interpretação são tão fundamentais. No trecho de Galeano, o livro cresceu tanto dentro de Lúcia que agora é outro, agora é dela. No fundo, o trecho chama para uma corresponsabilidade de autor e autora, e leitor e leitora. A leitura e a interpretação se tornam tão importantes quanto a escrita. Nasce daí uma cumplicidade e uma corresponsabilidade.

Esse foi um dos confrontos mais cruciais na vida e na missão de Jesus, principalmente no Evangelho, segundo a comunidade joanina: "Vocês estudam diligentemente as Escrituras porque pensam que nelas vocês têm a vida eterna. São essas mesmas Escrituras que testemunham a meu respeito, no entanto, vocês se recusam a vir a mim para ter vida" (Jo 5,39-40). Na visão joanina, desde o Prólogo do Evangelho, Jesus é a Palavra, o *Logos* de Deus que se encarna e faz sua morada entre nós. Ele é o hermeneuta das Escrituras e as Escrituras dão testemunho dele.

A tradição patriarcal na interpretação bíblica é tão antiga quanto a própria formação do Cânon que compõe o que constitui as Sagradas Escrituras, que para as igrejas cristãs é mais conhecida como Bíblia (Santos; Musskopf, 2018). Do patriarcalismo passou-se para o "patricentralismo".

Esses textos serviram, ao longo da história, para legitimar a submissão das mulheres, mas foi igualmente com base neles que muitas mulheres reagiram contra essa submissão. Segundo Elisabeth Schüssler Fiorenza, a Bíblia constitui uma "arma contra as mulheres", mas é também a sua "herança". Logo, a herança das mulheres constitui a fonte do seu poder.

Elisabeth Schüssler Fiorenza procura fazer uma reconstrução da história lembrando que o que temos hoje em mãos e em possibilidade de ser pesquisado são produtos androcêntricos, materiais produzidos por varões e não por mulheres. Em sua primeira obra de relevo, *In memory of her* [*As origens cristãs a partir da mulher*], afirma: "Os textos bíblicos não são revelações verbalmente inspiradas nem princípios doutrinais. São formulações históricas surgidas no contexto de determinada comunidade religiosa" (Schüssler Fiorenza, 1992; cf. Venancio, 2008). Ela diz que "o Cânon reflete um processo patriarcal de seleção e funcionou para afastar as mulheres da liderança eclesial" (Schüssler Fiorenza, 1992).

Ora, a reconstrução da sua história bíblica, a recuperação da sua herança, constitui um dos passos decisivos para a sua libertação. O critério último de interpretação e de adoção de um texto não se encontra no texto, mas sim na comunidade que o recebe. Os textos que deixam transparecer uma luta contra o patriarcalismo constituem uma fonte, uma "reserva de sentido" no qual as mulheres encontram alimento para o processo da sua libertação. Contudo, são as experiências das mulheres, e não os textos em si, que constituem a referência última da hermenêutica feminista. Esta procederá em vários passos que veremos a seguir, na segunda parte deste capítulo.

2 Cânon – recepção – tradução – hermenêutica

Ressituando a questão da participação ou da não participação das mulheres no processo da escrita e da canonização dos textos "sagrados", e suas consequências hoje, deparamo-nos com a persistência impositiva e exclusiva do patriarcalismo e a teimosa insistência transgressora e criativa das mulheres no grito por inclusão.

O desafio agora é relacionar o Cânon com a recepção, a tradução, as chaves e os instrumentais hermenêuticos de interpretação das Escrituras.

2.1 Mulheres presentes e participantes ativas na recepção, na tradução e no ensino das Escrituras: Marcela, Paula e Eustóquia

Apesar de tudo, houve mulheres que ultrapassaram os limites e controles que lhes foram impostos e assumiram sua vocação e seu dom de colaborar na recepção e na tradução das Escrituras já fixadas no Cânon. Deve ter havido muitas mulheres que ficaram no anonimato, mas a tradição oficial não conseguiu ocultar todas. Assim, três mulheres – Marcela, Paula e Eustóquia – foram mencionadas em documentos oficiais da recepção e da tradução dos textos sagrados, como colaboradoras de São Jerônimo. Este ficou conhecido como tradutor da Bíblia das línguas originais (hebraico, aramaico e grego) para o latim. Muito pouco a tradição lembra que esse trabalho árduo foi feito com Paula e Eustóquia e provavelmente também com a colaboração de Marcela.

Marcela de Roma (325-410 d.C.) foi colaboradora de São Jerônimo, mas é pouco conhecida e nem é mencionada nos escritos. Na esteira de algumas mulheres no Novo Testamento (como Priscila, Marta, Maria mãe de Marcos, Lídia), Marcela era diaconisa da *ekklesia* que se reunia em sua casa, em Roma. Sabe-se de fontes seguras que a casa de Marcela se tornou um centro de estudos bíblicos, oração e cuidado com os pobres.

> Marcela ajudou São Jerônimo a combater heresias e resolver disputas teológicas. Ela inspirou outra mulher, Fabíola, a construir o primeiro hospital em Roma, e Marcela estabeleceu o primeiro abrigo para mulheres cristãs nos arredores da cidade. Sob a orientação de Marcela, Paula e sua filha Eustóquia colaboraram com Jerônimo na tradução latina da Bíblia a partir do grego e do hebraico. Essas mulheres se mudaram para Belém e dedicaram o resto de suas vidas à tradução, revisão e correção de manuscritos, muitos dos quais foram dedicados a elas por Jerônimo. Lá, Paula fundou três conventos e um monastério, estabelecendo o padrão de estudo e transcrição das Escrituras nos monastérios, que continuou até a Reforma (cf. Silva, 2023)[61].

A delimitação deste capítulo não nos permite avançar muito mais na exploração e no resgate dessas três mulheres colaboradoras com o estudo, a tradução e a recepção dos textos bíblicos, sobretudo na grande obra de tradução da Vulgata. Fica como uma tarefa aberta. A partir de outros estudos sabemos que Jerônimo era um acompanhante espiritual de mulheres. Jerônimo escreveu inúmeras cartas a essas mulheres, dando suas orientaçoes e recomendaçoes.

À guisa de ilustração, quero mencionar apenas um pequeno recorte de um artigo publicado por Luís Carlos Lima Carpinetti ([s.d.]):

61. Fonte original: Informazione Cristiana ([s.d.]).

> Jerônimo, em latim *Hieronymus*, padre e doutor da Igreja latina, nascido em Estridão, na Dalmácia, por volta de 331 da era cristã, morto em Belém, em 420. Em 382, ele está em Roma onde orienta piedosas mulheres, em particular Paula e Eustóquia. Em 385, volta para o Oriente e fixa-se em Belém, onde Paula havia fundado um mosteiro. Ele faz revisão do texto grego da Bíblia dos Setenta e faz uma tradução latina a partir do texto hebraico da Bíblia que ficou conhecida como Vulgata.

Importante é perceber a maneira diversa de mencionar Paula e Eustóquia na sua relação com São Jerônimo. E podemos tirar nossas conclusões.

2.2 Espaços favoráveis para o estudo, a leitura e a interpretação das Escrituras pelas mulheres

Seguimos perseguindo o caminho da recepção e da interpretação das Escrituras, já que este é o espaço possível para uma leitura libertadora e com o olhar, a sensibilidade e a experiência das mulheres.

Constatamos que a academia teológica passou por várias fases, mas não foi e não é, ainda hoje, o espaço mais favorável e aberto para uma leitura bíblica na ótica das mulheres. De fato, sobretudo no ambiente católico, o público é predominantemente, quando não exclusivamente, masculino, seja pelos estudantes, seja pelos professores. Não é minha convicção que o estudo acadêmico, sobretudo o estudo de idiomas dos escritos originais, não seja importantíssimo para a leitura e a interpretação feita por mulheres, nem é minha intenção defender isso. Esse continua sendo um desafio que precisamos encarar. O que quero apontar é a importância do espaço favorável, uma vez que vimos a importância do grupo, da comunidade para uma leitura e uma interpretação plural e por isso mesmo fiel e criativa.

Por experiência posso afirmar que na América Latina, e de modo particular no Brasil, o espaço mais favorável e o terreno mais fértil para uma leitura feita por mulheres, bem como na ótica das mulheres, são os círculos bíblicos no meio popular. Estes nasceram de mãos dadas com as Comunidades Eclesiais de Base (CEBs) e se inspiram na teologia da libertação.

Merece destaque o Centro Ecumênico Bíblico (Cebi), que, desde sua fundação, incentivou e favoreceu o empoderamento de mulheres para uma leitura fiel e criativa da Bíblia. Note-se que essa leitura de modo algum é superficial e menos exigente. Pelo contrário, é ainda mais exigente, porque busca resposta para perguntas existenciais da vida e da fé, fazendo um círculo hermenêutico com a vida e a realidade concreta. A possibilidade de aprofundamento teórico e metodológico sempre acompanhou a caminhada tanto das CEBs quanto do Cebi. Nesses espaços as mulheres são a maioria, e em seu coração e suas buscas trazem o grito do povo.

A identidade ecumênica do Cebi possibilitou uma parceria acadêmica com a Escola Superior de Teologia (EST) de São Leopoldo, criando o curso Dabar – Especialização em Assessoria Bíblica, cujo objetivo é formar e capacitar lideranças para assessorar estudos e leituras bíblicas no meio popular.

Ainda, o Cebi desenvolveu um método hermenêutico próprio de leitura bíblica, conhecido popularmente como triângulo hermenêutico: REALIDADE – BÍBLIA – COMUNIDADE. Isso envolve partir da experiência da realidade, sim, mas também ter coragem de problematizar essa mesma realidade, no compromisso de transformá-la à luz da Palavra de Deus e do seu projeto de vida; envolve ler o texto bíblico em confronto com a realidade, buscando ultrapassar o escrito e fazendo ponte entre o tempo do escrito e o da leitura. Esse é o recurso literário exegético-hermenêutico da "fusão de horizontes", porque Deus quer falar hoje e, como diz a salmista, "Oxalá ouvísseis hoje sua voz!" (Sl 94/95). O processo todo é feito em grupos, e sobretudo a partilha de fé e vida parte da comunidade e gera comunidade. Com esse método muito simples, surgiram inúmeros círculos bíblicos na base, fermentando a *ekklesia*, assembleia reunida nas casas, nos bairros, embaixo de figueiras, de coqueiros...

Mulheres do Cebi sentiram – posso dizer sentimos – necessidade de aprofundar a leitura das Escrituras com metodologia própria, e para isso constitui-se um grupo para estudos e produções literárias coletivas, publicadas na série A Palavra na Vida (Cebi, 1994, 1998, 2000; Neuenfeldt, 2008), organizada pelo Cebi. Esse grupo se reunia anualmente para a partilha dos estudos sobre um tema específico, realizado por todas. Uma assessora (com um destaque a Ivone Gebara) auxiliava na análise crítica e na mediação do aprofundamento do tema e seu maturamento para a publicação. Esse encontro de assessoras era o espaço privilegiado de entrelaçamento da experiência das mulheres no ambiente cotidiano popular com o espaço acadêmico. Tratava-se de um enriquecimento mútuo muito fecundo, especialmente na dimensão ecumênica e intereclesial.

No serviço de intercâmbio, o Cebi acolheu estudantes de diferentes países. Durante vários anos fiz o serviço de pessoa de contato para o intercâmbio com países de idioma alemão. Conheci então uma jovem estudante, Brigite Hallermann, que fez um ano de estágio de seu curso de Teologia visitando e sistematizando várias experiências em círculos bíblicos em todo o Brasil. Sua dissertação de conclusão do curso de graduação em Teologia, feita na Universidade de Münster, na Alemanha, sob orientação do Prof. Dr. Giancarlo Collet, resgatou uma vasta pesquisa sobre as experiências feitas existencialmente e avaliadas cientificamente (Hallermann, 2000).

Transcrevo aqui o poema colocado como epígrafe de sua dissertação, intitulada *Ohne Angst Frau sein* [Sem medo de ser mulher]:

Um dia uma mulher gritou:
Sou uma lutadora!
E o som de sua voz foi ouvido
além das fronteiras.
Sou mulher e mãe,
o lar não é mais meu limite. [...]
Saio... A aurora ainda não apareceu.
Fui um dia ao cemitério do meu povo
como Maria Madalena,
e vi... há vida a proclamar.
Sou mãe... dou vida,
sou esposa... sou compreensão,
sou mulher... sou dor,
sou povo, sou amor-Anunciação.
Quando alguém cai eu o levanto.
Aonde há um morto, um enfermo chorando...
Sou uma lutadora!
Sou pássaro... canto.
Levanto o meu povo e saio da escravidão.
Meu nome é libertação.
Sou paz, sou esperança.
Sou o arco-íris neste mundo injusto.
Sou igualdade,
meu nome é fraternidade,
meu nome é povo – sou humanidade.
Quem quiser me encontrar,
é fácil... Não estou em casa,
estou na luta.
Sou negra, sou pobre,
sou viúva, sou velha
e quase analfabeta.
Mas é fácil me encontrar.
Estou no movimento popular!
Todos me conhecem,
sou o resto que restou da alegria e do amor
sou tudo de bom, sonho do céu,
sou simplesmente Maria Miguel[62] (Hallermann, 2000).

62. Maria Miguel, da comunidade São José, Itaim, São Paulo.

Destaquei apenas um espaço, o Cebi, como ambiente favorável para a leitura e a releitura constante das Escrituras feitas por mulheres. Certamente há muito outros em nível de Brasil e América Latina, como Teologanda na Argentina.

Importante é perceber que há organismos populares e acadêmicos favoráveis a uma leitura das Escrituras pelas mulheres. Não com o interesse de serem protagonistas apenas, mas de servir, de curar, de ser cuidadora da vida do povo. Seguimos nossa reflexão abrindo uma pequena janela da grande casa que abriga a questão das hermenêuticas bíblicas na perspectiva da ou das mulheres. Dizem que a "casa" sempre é o lugar da liberdade e também dos conflitos. Não é diferente em se tratando de hermenêuticas – no plural – que rompem com o mito da chave de leitura única e universal.

2.3 Instrumentais, métodos e chaves hermenêuticas de leitura das Escrituras pelas mulheres

Há muitos estudos e publicações sobre esse assunto, por isso não vamos desenvolver o tema como ele mereceria. Os conflitos em torno da pluralidade de métodos hermenêuticos geram polêmicas porque possibilitam compreensões diferentes da mesma palavra, do mesmo texto. Parafraseando uma afirmação atribuída a Paulo, podemos dizer: "A Palavra de Deus não se deixa aprisionar" (cf. 2Tm 2,9).

Em seus documentos, a Igreja reconhece oficialmente a leitura e a interpretação bíblica feitas por mulheres, mas não reconhece um método específico para tal. Fala em "abordagem", "hermenêutica" e "exegese" feminista. Admite e assume o termo "feminista" e não "feminina". Assim lemos no ponto 2 do documento sobre a interpretação da Bíblia na Igreja:

> 2. Abordagem feminista: A hermenêutica feminista não elaborou um método novo. Ela se serve dos métodos correntes em exegese, especialmente o método histórico-crítico. [...]

> Numerosas são as contribuições positivas que provêm da exegese feminista. As mulheres tomaram assim uma parte mais ativa na pesquisa exegética. Elas conseguiram, muitas vezes melhor do que os homens, perceber a presença, o significado e o papel da mulher na Bíblia, na história das origens cristãs e na Igreja. O horizonte cultural moderno, graças à sua maior atenção à dignidade da mulher e ao papel dela na sociedade e na Igreja, faz com que sejam dirigidas ao texto bíblico interrogações novas, ocasiões de novas descobertas. A sensibilidade feminina leva a revelar e a corrigir certas interpretações correntes, que eram tendenciosas e visavam justificar a dominação do homem, sobre a mulher (Pontifícia Comissão Bíblica, 1993).

O referido documento reconhece, mas ao mesmo tempo limita, a participação das mulheres em alguns espaços reservados à supervisão, que algumas consideram controle, do Magistério da Igreja. Talvez nós, mulheres, precisemos aproveitar mais as brechas e perspectivas que essa visão positiva e colaborativa abre.

Seguindo nossas considerações sobre a questão, reconhecemos que de fato não temos um método hermenêutico novo e único. Poderíamos dizer que ele é "eclético". Quanto ao método histórico-crítico, temos consciência de que precisamos, sim, utilizá-lo ou, como diz Elisabeth Schüssler Fiorenza, "passar por ele, sem ficar nele".

Creio que o método mais comum e de maior autoridade – com algumas variantes – é atualmente a assim chamada dança da libertação e transformação, criado por Elisabeth Schüssler Fiorenza.

Segundo a autora, a meta é o Reino de Deus numa *ekklesia* de mulheres que vivem o discipulado de iguais, no seguimento de Jesus (Schüssler Fiorenza, 1995). O caminho para o Reino de Deus é como uma dança: a música é a música de transformação de estruturas de poderes negativos e de opressão, de violência, de fome, de exclusão, para a busca da libertação e da alegria de todos e todas. A metáfora da música e da dança de transformação e libertação convida para uma dança com sabedoria. A dança faz com que o Espírito possa agir e não esteja limitado nem aprisionado. Numa dança é preciso conhecer os passos básicos, para bailar com leveza, para não atrapalhar os pés dos outros e outras, porque não dançamos sozinhas.

Os seis passos hermenêuticos desenvolvidos por Elisabeth Schüssler Fiorenza (2009) não são sucessivos, mas sim interligados: (1) *reflexão da experiência e da análise sistêmica da realidade e das opressões*; (2) *suspeita e análise crítica*; (3) *avaliação crítica e proclamação*; (4) *reconstrução histórica, simbólica e conceitual*; (5) *imaginação criativa*; (6) *libertação e transformação.*

Como variante simplificada, a metodologia hermenêutica do Cebi optou por três passos metodológicos: (1) *desconstrução* – empregar a hermenêutica da suspeita; (2) *reconstrução* – resgatar as histórias anteriores à Escrita; (3) *imaginação criativa* – tecer um novo texto e uma nova história, com novos fios (Neuenfeldt, 2008).

O método proposto por Elizabeth Schüssler Fiorenza, conhecido também como hermenêutica da suspeita, identifica o caráter e a dinâmica androcêntrico-patriarcal do texto e da sua interpretação. O seu objetivo é retomar os fios perdidos do tecido da vida das mulheres, que os textos não retratam – antes, ocultam. Dirige basicamente três perguntas ao texto bíblico: Quem escreveu, para quem, com que intenção ou objetivo? Suspeitar não é sinônimo de desconfiar, mas significa encontrar alternativas libertadoras e transformadoras de leitura e interpretação. O Cânon bíblico, que, durante muito tempo, foi mal-entendido como sinônimo da Palavra de Deus na qual não se pode mexer, apenas submeter-se, exige como que uma cirurgia do corpo das Escrituras.

Concluindo esta segunda parte podemos dizer que as mulheres só não leram antes as Escrituras porque não lhes foi dado acesso, ou até em consequência de uma proibição formal. Nesse sentido tudo parece transgressor, desde as próprias origens bíblicas. Por exemplo, no mundo rabínico só aos meninos era permitido o ingresso na sinagoga, onde se aprendia a Torá, que por sua vez era condição para a inclusão tanto na sociedade quanto no Reino do Céus. O filme *Yentl* (1983)[63] retrata muito bem esse dilema, que passa pela própria sensibilidade do pai, que não queria excluir a filha. Vale a pena revisitá-lo.

A biblista Elza Tamez (1985) escreveu um artigo, intitulado "A mulher que complicou a história da Salvação", que me impactou, e continua impactando profundamente, porque despertou em mim o desejo e a necessidade de uma nova maneira de ler a Bíblia (cf. Campos, 2007).

Esse título nos remete a muitas histórias de mulheres encontradas no Novo Testamento. São narrativas que interrompem o caminho e a missão de Jesus e se tornam por isso mesmo transgressoras e reveladoras. Na terceira parte deste texto nós nos ocuparemos desse fato com a leitura e a interpretação de uma narrativa que pode se tornar paradigmática de outras.

3 Um encontro interruptivo, transgressor e revelador – "Mas ela disse": uma releitura da história da mulher cananeia/siro-fenícia narrada em Mc 7,24-30 e Mt 15,21-28

Esta narrativa torna-se paradigmática, e a escolha por ela se deve a dois motivos: primeiro, porque é uma das perícopes prediletas da leitura e da interpretação bíblica feita por mulheres[64], dando

63. No filme, uma jovem mulher judia (Barbra Streisand), na Europa Ocidental da virada do século, traveste-se de homem para entrar na sua formação religiosa e poder aprender os ensinamentos do Talmud, um privilégio masculino.

64. Elisabeth Schüssler Fiorenza, Tania Mara Sampaio, entre outras.

inclusive o título a livros e revistas – como *Mas nós mulheres dizemos...* (Ribla, 1996); segundo, o texto é paradigmático para, de certo modo, exemplificar mais concretamente aquilo que consideramos de maneira descritiva e como fundamentação teórico-prática na primeira parte deste capítulo.

3.1 *Crise dos grandes relatos para a valorização das pequenas narrativas*

Com a crise dos grandes relatos e a valorização das pequenas narrativas acordei para entender que a história da Salvação apresentada na linha de tempo da Bíblia, cujo protagonismo é masculino, só pode se tornar uma história viva a partir das pequenas histórias. E aí se encontram as mulheres. São histórias interruptivas que assumem a função de transgressoras do grande relato e reveladoras da Palavra viva de Deus na história.

Nós mulheres somos chamadas a "atravessar ruas", a ter coragem de transgredir fronteiras geográficas, culturais e religiosas, a olhar o mundo a partir de "outro lugar", onde a vida sofrida se eleva em clamor ético, suplicando por dignidade e igualdade. Isso implica aproveitar as migalhas, mas sem contentar-se com elas, lutando pela mesa da dignidade, através da partilha igualitária, sinal do Reino de Deus. Implica coragem para exigir inclusão e transgredir o *status quo* do poder estabelecido que promove exclusão. Consequentemente naturaliza a marginalização de categorias e de pessoas como as mulheres, os pobres, os doentes...

O encontro da mulher siro-fenícia, ou cananeia, com Jesus é transgressor de uma tradição obsoleta, que discrimina e exclui, e revelador de uma nova lógica, de um novo lugar salvífico: "escutar Deus onde a vida clama!" Uma mulher sabe o que quer: a vida para sua filha, sua descendência, seu povo. E Jesus a confirma: "Mulher, grande é tua fé, seja feito como tu queres!"

3.2 Sinopse

Seguimos um caminho progressivo, dando pequenos passos para adentrarmos na dinâmica narrativa do Evangelho de Marcos, que nos legou essa história profundamente humana, com pequenas variantes em Mateus, como podemos ver comparando as narrativas nos dois evangelhos (Quadro 3).

A mulher cananeia	**A mulher siro-fenícia**
Mt 15,21-28	**Mc 7,24-30**
[21]E tendo saído dali, Jesus retirou-se para a região de Tiro e Sídon.	[24]Tendo se levantado dali, foi-se para a região de Tiro, e entrando numa casa, queria que ninguém soubesse, mas não conseguiu ficar escondido,
[22]E eis que uma mulher cananeia, daquela região, gritava dizendo: Tem compaixão de mim, Senhor, filho de Davi: minha filha está maligna- mente endemoninhada.	[25]pois logo em seguida, uma mulher, que ouvira falar a seu respeito, cuja filha tinha um espírito impuro, veio e atirou-se a seus pés.
[23]Ele não lhe respondeu palavra algu- ma, e seus discípulos, aproximando- -se, pediam-lhe, dizendo: Despede-a, pois ela grita atrás de nós.	[26]A mulher era grega, siro-fenícia de origem, e pedia-lhe que expulsasse o demônio de sua filha.
[24]Ele, respondendo, disse: Não fui enviado senão às ovelhas perdidas da casa de Israel.	[27]E Ele lhe disse: Deixa que os filhos se saciem primeiro; pois não é bom tomar o pão dos filhos e lançá-lo aos cachorrinhos.
[25] A mulher, porém, veio e prostrou-se diante dele dizendo: Senhor, ajuda-me!	[28]Ela respondeu e disse-lhe: É verdade Senhor, também os cachorrinhos, debaixo da mesa, comem das migalhas das crianças.
[26]Ele, respondendo, disse: Não é bom tomar o pão dos filhos e atirá-lo aos cachorrinhos.	[29]E Ele lhe disse: Por causa desta palavra, vai: o demônio saiu de tua filha.
[27]Ela disse: É sim, Senhor; pois também os cachorrinhos comem das migalhas que caem da mesa de seus donos!	[30]E ela, voltando para sua casa, encon- trou a criança deitada sobre a cama. E o demônio tinha saído dela.
[28]Então, respondendo, Jesus lhe disse: Ó mulher, é grande a tua fé! Seja-te feito como queres! E a partir daquela hora, sua filha ficou curada.	

Quadro 3

Pela cronologia dos textos, sabemos que o relato original é o que encontramos no Evangelho de Marcos. Marcos inicia e conclui a narrativa com o espaço da *"casa"*, detalhe ausente em Mateus. A cena em Marcos ainda é revestida pela chave hermenêutica do "segredo messiânico": Jesus não quer que ninguém saiba, mas não consegue ficar oculto.

Mateus mantém a mesma estrutura literária, mas inclui mais detalhes e dá ênfase à insistência da mulher. Os três gritos da mulher são acompanhados de gestos de aproximação, até a prostração diante de Jesus e a interpelação crescente. Introduz também a compreensão da missão de Jesus: *"Não fui enviado senão às ovelhas perdidas da casa de Israel"* (cf. Mt 10,6).

Em síntese, os dois textos são muito semelhantes: é a narração de um acontecimento no qual uma mulher anônima, não judia, clama a Jesus, suplicando que os demônios que atormentavam sua filha sejam expulsos. Duas mulheres, uma mãe e uma filha, são protagonistas da cena.

Iniciamos a análise desse texto com um olhar contextual, numa perspectiva intercultural, motivados pela questão-chave: "escutar Deus onde a vida clama!" Essa questão pede, também de nós, um olhar e um ouvido hermenêutico, na realidade atual, onde a vida clama, e pede as migalhas de pão que caem de tantas mesas abastadas. A leitura das Escrituras, quando feita por mulheres, deve ir muito além de apenas encontrar um protagonismo feminino. Deve estar a serviço da libertação, que tem como horizonte a vida digna e plena para todas as pessoas.

3.3 Um olhar contextual e intercultural: Como escutar Deus onde a vida clama?

O texto de Mc 7,24-30 insere-se no centro da moldura sabiamente construída pelas duas narrativas do "banquete da vida" que se dá através da partilha dos pães no ambiente judeu (Mc 6,30-44) e no ambiente considerado pagão (Mc 8,1-9). Assim ganham sentido e tornam-se chave hermenêutica a expressão colocada na boca de Jesus – "Deixe que primeiro os filhos fiquem saciados, porque não está certo tirar o pão dos filhos e jogá-lo aos cachorrinhos" (Mc 7,27) – e a quebra dessa lógica através do insistente grito da mulher siro-fenícia – "É verdade, Senhor; mas também os cachorrinhos ficam debaixo da mesa e comem as migalhas que os filhos deixam cair" (Mc 7,28).

Com essa chave hermenêutica, o motivo do pão, das migalhas, da fome, da exclusão e da inclusão torna-se paradigma para entendermos o contexto literário e a interculturalidade sociorreligiosa da perícope. A partir do excesso de sentido que todo texto traz em si mesmo encontramos também a ponte para nossas perguntas hoje.

Em Marcos 6 apresenta-se a missão de Jesus, que provoca admiração e, ao mesmo tempo, escândalo e rejeição em sua terra de origem, Nazaré, e por parte dos próprios discípulos (Mc 6,1-6). A unidade literária termina com a constatação: "E Jesus ficou admirado com a falta de fé deles"[65]. Essa rejeição não impediu o caminho de Jesus, mas provocou-o para uma nova itinerância, por outros povoados. E sua missão se amplia com o envio dos discípulos. No centro do capítulo 6 de Marcos encontramos um contraste decisivo entre o banquete da morte e o banquete da vida (Mc 6,14-44). A festa da vida acontece no pão partilhado (Mc 6,30-44). Compreender ou não compreender o sinal do pão partilhado torna-se o motivo-chave para a continuidade narrativa na perícope final (Mc 6,45-56). Numa cena de crise de escuridão, os discípulos em alto-mar, remando com vento contrário, Jesus se aproxima de madrugada entre

65. Esta constatação contrasta com o fim da história da mulher cananeia narrada por Mateus, quando Jesus exclama: "Ó mulher, é grande a tua fé! Seja-te feito como queres!" (Mt 15,28).

três e seis horas e proclama: "Coragem! Sou Eu, não tenham medo! E subiu na barca com eles. E o vento parou" (Mc 6,50-51).

Mas, continua o texto, "os discípulos ficaram ainda mais espantados, porque eles não tinham compreendido o acontecido com os pães. O coração deles estava endurecido" (Mc 6,51b-52). A razão do espanto dos discípulos é importante, e talvez estratégica, para entendermos a contextualidade e a interculturalidade da narrativa.

A ponte entre o capítulo 6 e o 7 é construída através do reconhecimento de Jesus (cf. Mc 6,54) por parte das multidões e da sua popularidade nos povoados, seja das cidades ou dos campos. Levavam seus doentes até as praças e pediam a permissão de tocar, ao menos, a barra da roupa de Jesus (cf. Mc 6,56). E todos os que tocaram ficaram curados. Aqui já encontramos certa abertura intercultural. Mas o toque ainda se dá apenas na barra da roupa de Jesus. Lembra o episódio da mulher com hemorragia, que interrompeu o caminho de Jesus e de Jairo e foi curada ao tocar a roupa de Jesus. Mais do que curada, foi acolhida com a saudação *shalom* e chamada ao seguimento como "filha" (cf. Mc 5,21-43). Portanto, o contexto mostra que gradativamente Jesus se deixa interromper em seu caminho e rompe com os esquemas excludentes do puro e do impuro. Desse esquema, a maior vítima é a mulher. Era o motivo principal das inúmeras exclusões que a tornavam "endemoninhada".

No início do capítulo 7 de Marcos aparece o motivo do pão, ligado ao rito da purificação. Os fariseus e alguns doutores da Lei foram a Jerusalém, reuniram-se em volta de Jesus e "viram que alguns discípulos comiam pão com mãos impuras, isto é, sem lavar as mãos" (Mc 7,2). Aqui a questão de fundo é o contraste entre uma tradição fechada, que esqueceu a dinamicidade da vida e da Palavra de Deus. Por isso recebem a repreensão sábia e profética de Jesus: "Vocês são bastante espertos para deixar de lado o mandamento de Deus a fim de guardar as tradições de vocês [...]. Assim vocês esvaziam a Palavra de Deus com a tradição que vocês transmitem. E vocês fazem muitas outras coisas como essa" (Mc 7,9.14). Em seguida Jesus chama a multidão e os discípulos, ensinando uma nova ética, que nasce do coração, e não da tradição (Mc 7,14-23).

3.4 A fome e o pão reservado para os filhos e as filhas: quebra de uma lógica

Em Marcos o contexto no qual se insere a narrativa do encontro da mulher siro-fenícia com Jesus pode ser considerado um lugar estratégico para uma mudança de lógica. E convém observar que, tanto em um Evangelho quanto no outro, a perícope da mulher siro-fenícia (Marcos) ou cananeia (Mateus) situa-se entre duas partilhas de pães. No Evangelho segundo Marcos, a primeira narrativa (Mc 6,30-44) acontece em ambiente judaico, e a segunda (Mc 8,1-9) acontece em ambiente grego. Igualmente em Mateus o primeiro sinal dos pães realiza-se em ambiente judaico (Mt 14,13-21). O pedido de inclusão da mulher cananeia que pede pelo menos as migalhas de pão que caem da mesa e se esbanjam encontra-se em Mt 15,21-28, portanto na função estratégica de quem implora pão para seu povo. Em seguida acontece a segunda perícope, que narra a partilha do pão em ambiente grego (Mt 15,29-39).

Podemos relacionar essa insistência da mulher cananeia/siro-fenícia, implorando as migalhas de pão, com o relato dos Atos dos Apóstolos (At 6,1-7) que lembra da exclusão das viúvas gregas no atendimento e sobretudo na partilha do alimento, do pão. A diferença é que em Atos são os homens que levam seu grito em favor das mulheres gregas aos apóstolos; aqui, no Evangelho, o encontro é direto com Jesus e a própria mulher leva seu clamor, seu grito, que os apóstolos querem afastar. E lembremos que cronologicamente a redação dos evangelhos é anterior à dos Atos dos Apóstolos.

Além dessa observação intermediária, chamamos atenção para o eixo de transição e virada, que passa de uma lógica voltada a si mesmo para uma lógica da escuta dos clamores da vida de outros. Ela pede migalhas e Jesus permite que ela própria se inclua, siga-o e participe de seu projeto de vida.

Olhando mais de perto para a estrutura literária, percebemos um fio dourado que entrelaça e dinamiza o tecido das relações sociais, econômicas, religiosas e culturais que funcionam como a realidade na qual nasce o texto. É o fio da fome e da partilha do pão que liga o texto, como podemos perceber no Quadro 4:

<table>
<tr><th>Ambiente judeu</th><th>Ambiente pagão</th></tr>
<tr><td>Mc 6,30-44</td><td>Mc8, 1-9</td></tr>
<tr><td>Fome do povo X Partilha dos pães
Banquete da vida para o povo judeu</td><td>Fome do povo X Partilha dos pães
Banquete da vida para todos: povos pagãos</td></tr>
<tr><td colspan="2">Mc 7,24-30</td></tr>
<tr><td colspan="2">O pão reservado aos filhos
X
As migalhas que caem e pertencem aos cachorrinhos</td></tr>
<tr><td>Mc 8,14-21</td><td>Mc 6,50-52</td></tr>
<tr><td>Incompreensão do sinal dos pães pelos discípulos por causa do seu coração endurecido.</td><td>Incompreensão do sinal da partilha dos pães pelos discípulos.</td></tr>
</table>

Quadro 4

Através da disposição gráfica percebemos que o apelo insistente da mulher cananeia/siro-fenícia ocupa um lugar central na narrativa e provoca uma mudança de lógica. O centro de sua mensagem é muito mais a reivindicação de ser incluída na integralidade de sua cidadania do que uma expulsão de demônio da filha. E a partir daí nos perguntamos: De que demônio se trata? De fato o texto diz que o demônio deixou a menina no momento que a mulher provocou uma mudança de lógica, tanto no seu interlocutor, Jesus, quanto nos observadores da cena, de ontem e de hoje. Aos discípulos de Jesus tudo isso é muito incompreensível. Precisam caminhar mais diretamente com Jesus, segui-lo no caminho para aprender a lição de vida e proclamar a fé no Deus da Vida.

3.5 *A região de Tiro*

"E partindo dali foi para a região de Tiro" (Mc 7,24a). A narrativa, por intencionalidade do redator, convida-nos a atravessar fronteiras e ruas e situa-nos na região de Tiro. Que significado teria essa região para a comunidade de Marcos?

Tiro é uma cidade com ambição de domínio e com grande poder. Desde sua origem até o período romano havia uma luta do povo fenício sobre as terras da Galileia. Tiro pode ser considerada uma cidade rica e economicamente estável. Por sua indústria metalúrgica e seu comércio marítimo ocupava um lugar importante no mapa socioeconômico daquela época.

Entretanto, ao lado dessa aparente estabilidade socioeconômica, havia também pobreza. A terra não era fértil, para não dizer incultivável, por isso a matéria-prima era adquirida dos povos vizinhos, que tinham terras férteis, como a Galileia. Confirma-se que a grande problemática que está por trás do episódio, narrado em Marcos, é a fome e a partilha, ou a concentração do pão. Fome, produção e abastecimento ou negociação de alimentos também fazem parte do cenário atual.

3.6 *A casa e o conflito*

"E entrando numa casa queria que ninguém soubesse, mas não conseguiu ficar escondido, pois em seguida uma mulher que ouvira falar dele [...]" (Mc 24b-25a). O lugar específico onde acontece o encontro da mulher siro-fenícia com Jesus é uma casa. Esse espaço da casa (*oikia*), à primeira vista, parece ter um simples caráter familiar. Porém, analisando mais a fundo os textos de Marcos, perce-

bemos que o termo "casa" pode significar realidades diferentes. Por um lado, *oikoς* significa o espaço físico de moradia ou residência. Por outro, esse mesmo termo, *oikia*, dentro do contexto do relato que estamos analisando, faz alusão às relações humanas que se dão no âmbito familiar de uma comunidade mais ampla.

Segundo Mercedes Navarro é importante considerar que, na narrativa de Marcos, a dimensão espacial não se refere a um lugar físico. Concretamente o espaço público e o privado terão diferentes características, ligadas às atitudes das pessoas em suas relações com Jesus:

> O Evangelho de Marcos divide o espaço em dois grandes âmbitos: os lugares públicos (mar, rio, montanha, caminho, deserto, campo, povoados...) e os lugares privados (casa, templo, sinagoga...). Nos primeiros, Jesus está em contato com as pessoas que o seguem e a multidão que o escuta, realiza curas e entra em conflito com as autoridades. É um lugar aberto e público, onde Jesus é executado (15,22). Nos lugares privados, Jesus ensina seus discípulos e entra em conflito com eles. Enquanto nos lugares públicos os discípulos ficam do lado de Jesus, nos privados geralmente mostram-se difíceis de compreender. Nesses espaços, as distâncias entre eles se encurtam e a confrontação é maior. [...] se Jesus está em casa, é sinal de que algum conflito vai acontecer ali (Navarro, 1994, p. 70-71).

Portanto, no contexto literário de Marcos, ao situar Jesus no ambiente da casa, cria-se a expectativa de alguma cena de relações humanas conflitivas. E mais, pelo fato de localizar a casa numa região vizinha, pagã, aponta para um conflito novo: não apenas as relações humanas mas também as relações sociais, culturais, religiosas e de gênero estão em conflito. E tudo se dá no macroconflito das relações no âmbito judeu-pagão. Importa notar que o relato em Marcos situa a casa tanto no início quanto no fim da perícope, sugerindo assim um quiasmo cujo centro está no pedido da mulher.

3.7 Os nomes da mulher

a) Cananeia/siro-fenícia

A mulher, identificada como uma grega de origem siro-fenícia por Marcos, é designada de cananeia em Mateus. Toda a região da Palestina da atualidade é a Canaã povoada inicialmente pela descendência de Cam, filho de Noé, e depois por vários outros povos e tribos, em constante alternância de guerra e paz. Além dos cananeus e hebreus, conviviam os remanescentes dos assírios, filisteus, sírios, fenícios e vários outros povos e clãs nativos ou oriundos de outras regiões.

O texto assinala uma dupla pertença: *siro-fenícia* e *grega*. Daí decorrem duas informações: sobre sua terra de origem e sobre sua identidade cultural. Para além da "Fenícia helenizada", a ênfase da origem "grega" nos alerta para um novo sentido: quer-se chamar atenção para o *nível cultural* e o *status social* que reveste essa mulher. A mulher siro-fenícia é grega porque vive de acordo com os usos e costumes gregos, bebe de sua cultura e, com certeza, fala o idioma grego. Esse detalhe destaca sua posição privilegiada dentro de seu contexto, porque o domínio da língua grega não era generalizado nas classes mais baixas das sociedades da Galileia e da Fenícia.

A mulher era representante de uma miscigenação de pelo menos três culturas, vivendo a realidade de uma quarta. Ainda que sua posição seja privilegiada, supõe-se que também vivia numa situação financeiramente desfavorável, de pobreza, porque Jesus, segundo as Escrituras neotestamentárias, sobretudo os evangelhos, era, na maioria das vezes, o único recurso para os desfavorecidos. Nessa mesma posição e situação se inscrevem as mulheres (cf. Mc 5,21-43).

Em síntese, numa dimensão sociocultural, podemos dizer que: embora sua condição jurídico-social de mulher grega a coloque numa posição social privilegiada, sua condição de pobreza e de mulher pagã a coloca numa condição inferior em relação aos discípulos e a Jesus, Rabi e Senhor.

b) Mulher/mãe e filha

Através de um estilo de linguagem indireta, a narrativa nos coloca diante de uma mulher e mãe anônima. Na dimensão simbólica, para além de um sujeito particular e individual, vemos aqui uma imagem iconográfica ou personagem corporativa. Esse é o recurso literário do anonimato das personagens, que permite a identificação da leitora ou do leitor. Nesse sentido é estratégico o silêncio do nome. Parece referir-se a uma personificação coletiva, nesse caso o povo cananeu, siro-fenício (Mateos; Camacho, 1999, p. 93).

Muitas vezes na linguagem bíblica, a representação dos povos é feita a partir de figuras femininas. O povo de Israel é comparado, frequentemente, com uma criança recém-nascida, jovem, esposa, adúltera convertida (cf. a tradição profética: Oseias, Jeremias, Isaías). Nesse contexto não é estranho que os povos vizinhos também sejam identificados com uma personagem feminina.

Além de mulher, a siro-fenícia é apresentada como mãe, uma mãe que vem implorar por sua "filhinha" que se encontra possuída por um espírito impuro. Se a mãe representa esse povo explorado e, ao mesmo tempo, poderoso da região de Tiro, quem representa sua filha possuída por um demônio? Segundo María Eugenia Celli (2008), a filha pela qual a mãe suplica representa o resultado doentio desse modelo de sociedade, contaminado pelo espírito impuro, sinal visível da negociação do humano[66]. O clamor da mãe é pela vida de sua descendência; ela pede a expulsão desse demônio da corrupção.

c) Cachorrinho

Além de siro-fenícia e grega, de mulher e mãe, essa personagem recebe mais um apelido religioso pejorativo, que a situa na realida-

66. "La mujer no pide nada para sí, como si no necesitará cambiar; la que debe cambiar es la niña. Reconoce que aunque la hija es dependiente, es también co-sanguínea (hija=del mismo pueblo); en principio su igual. La diferencia entre la mujer y la hija está en el poder y el privilegio" (Mateos; Camacho, 1993, p. 171).

de coletiva dos pagãos. Na linguagem dos israelitas, era costume chamar de "cães" os pagãos, os estrangeiros, que não pertenciam ao povo eleito nem adoravam o verdadeiro Deus. Era certamente um tratamento pejorativo, mas que não chegava a surpreender, como se pode notar pela total naturalidade com que as testemunhas daquela cena parecem aceitá-lo. Esse insulto recebe um novo matiz através do diminutivo (*kynarion*), "cachorrinhos". Os cães eram considerados animais impuros. Por esse motivo eles não eram admitidos no interior das casas, mas se fazia exceção aos filhotes. Isso explicaria a metáfora dos cachorrinhos comendo as migalhas dos filhos. Essa explicação é usada, também, para atenuar a aparente rudeza de Jesus, que falou em "cachorrinhos", e não em "cães". Seja como for, o fato é que Jesus se encontrava em terra estrangeira, e a mulher que o procurou era pagã, portanto considerada impura pelo senso comum. A ideia de "puro" e "impuro" é algo muito familiar à cultura israelita, e o contato com qualquer "impureza" exigia longos e complexos rituais de purificação.

Jesus fazia questão de desrespeitar, para mostrar que a verdadeira impureza não é exterior, mas vem do interior. Assim, quebra mais uma lógica, com a ajuda da mulher, que sabe de sua situação, mas não se conforma com ela. Assume a postura de jogar-se embaixo da mesa, para exigir o pão partilhado na igualdade, exigir uma condição de que todas as pessoas podem participar em igual dignidade.

3.8 A insistência da mulher e as reações de Jesus e dos discípulos segundo Mateus

Mateus descreve com muito mais detalhes o gradativo clamor da mulher e as diferentes reações de Jesus e dos discípulos. O grito da mulher cananeia pede a compaixão de Jesus, reconhecido como Filho de Davi. Ao seu clamor, que expressa a solidariedade entre mãe e filha, Jesus fica em silêncio e nada responde (Mt 15,23). Será indiferença ou presença silenciosa e reflexiva? O silêncio também faz parte da aproximação para um verdadeiro encontro, quando as diferenças são muito grandes.

A reação dos discípulos é única: querem afastar o grito porque ele incomoda – *"Despede-a, porque vem gritando atrás de nós"* (Mt 15,23). Quem assim age de fato não está a fim de um encontro. Jesus parece pensar em voz alta, e Mateus coloca em sua boca a mentalidade dos judeus da época, através de uma compreensão exclusivista da missão: *"Eu não fui enviado senão para as ovelhas perdidas de Israel"* (Mt 15,24).

A mulher volta a insistir. Seu grito agora é acompanhado por um gesto de aproximação maior. Prostrando-se de joelhos, implora: *"Senhor, ajuda-me"* (Mt 25). Diante da insistência do grito da mulher, Jesus responde de forma muito dura e desumana aos nossos ouvidos: *"Não fica bem tirar o pão dos filhos para atirá-lo aos cachorrinhos"* (Mt 15,26). Os judeus se consideravam filhos (de Deus) e diziam que os estrangeiros não eram dignos da bênção dele.

Uma mulher estrangeira que diz que quer se aproximar de Jesus porque precisa da cura para a sua filha recebe uma dura resposta dele. Jesus responde a ela desde seu lugar no mundo – um judeu, um ser humano dentro da sua tradição e experiência de fé – e diz que veio para os filhos, não podendo abrir mão desse lugar.

Parece que o Jesus da comunidade interlocutora de Mateus, no começo, também pensava assim, pois foi essa a mesma ordem dada aos discípulos no momento de enviá-los em missão: *"Não ireis ao meio dos gentios nem entrareis em Samaria – ide antes às ovelhas que se perderam da casa de Israel"* (cf. Mt 10,5b-6). O encontro de transformação e libertação só acontece quando Jesus "desce" ao nível humano, tornando-se aprendiz e discípulo da mulher estrangeira, excluída. E confirma sua cidadania teológica: *"Mulher, grande é tua fé! Seja feito como queres!"* (Mt 15,28).

A mulher pagã ajudou Jesus a compreender que Ele era enviado de Deus não só para os judeus, mas também para toda pessoa humana, de todas as culturas e tempos; uma alusão à profecia do Servo de Javé (Is 49,1-6). Jesus ficou admirado com os valores que encontrou nos pagãos e compreendeu que Deus já estava entre eles como Deus vivo e libertador, aquele que ouve o clamor e desce para libertar (cf. Ex 3,7ss.). O Evangelho de Mateus faz esse caminho progressivo e muito diferente do envio de discípulos apenas para as *"ovelhas perdidas da casa de Israel"* (Mt 10,6). Conclui: *"Ide e fazei com que todos os povos sejam meus discípulos"* (Mt 28,19).

3.9 Inspirações e desafios: O que podemos aprender dessa narrativa e das leituras feitas por mulheres?

Sem negacionismo da real situação de múltipla exclusão de seu povo, de sua descendência, a mulher siro-fenícia usa sua condição privilegiada, mas não se prevalece dela. Despoja-se e assume a condição de "cachorrinho" com realismo esperançoso. Jogando-se debaixo da mesa e mostrando-se agradecida de pelo menos ter acesso às migalhas que caem das mesas dos donos não apenas mudou a visão de mundo dela mesma, mas também foi capaz de provocar uma desestabilização nas categorias teológicas, culturais e sociais discriminadoras de seu tempo.

Jesus é profundamente questionado por essa mulher: "Não preciso do pão que está na mesa para os filhos, bastam as migalhas que caem debaixo da mesa". É uma mulher estrangeira, do lugar da sua fé, e ela chama Jesus a um processo de abertura, de diálogo para além da tradição de onde vinha: um diálogo inter fé. A vida é acolhida e salva no movimento de abertura e diálogo! E muitos serão os estrangeiros com quem Jesus estabelece o diálogo.

Ela usou sua situação privilegiada para solidarizar-se com sua filha, ou seja, sua descendência, cuja vida estava ameaçada por um demônio. Que lição de *kénose* para nós! É preciso estar lá onde a vida clama e sofre discriminação. Esse é o lugar da verdadeira revelação de Deus.

A necessidade premente dessa mulher, de libertar sua filha do espírito impuro, evidencia a divisão hierarquizada de tantas sociedades com suas religiões, que continua ainda hoje. É preciso aproveitar as migalhas, sem ficar apenas com elas.

Em toda parte vemos mulheres pobres que não tiveram medo de curvar-se debaixo da mesa, para aproveitar ao máximo as "migalhas" de oportunidades. Sua motivação e seu carisma é mudar a lógica de exclusão, lutar pelos seus direitos e sentar-se em igual dignidade à mesa da igualdade na partilha.

A "igualdade fundamental" faz parte dos direitos humanos. Em meio às "justas diferenças", os clamores por vida desafiam e movem mulheres e homens a eliminar as diferenças injustas, contrárias ao plano libertador de Deus. São injustas e contrárias ao plano de Deus as discriminações de todas as formas, como as fundadas em sexo, cultura, cor, condição social, língua e religião, ainda presentes em nossa sociedade e mesmo no interior de nossas organizações eclesiais e religiosas.

Como a mulher siro-fenícia ou cananeia, somos confirmadas a viver o discipulado de iguais e sentar-nos à mesa da igual dignidade, como amostra do Reino de Deus. Oxalá possamos receber esta confirmação de Jesus, a quem seguimos: "Por causa desta palavra, vai..." (Mc 7,29); "Ó mulher, é grande a tua fé! Seja-te feito como queres!" (Mt 15,28).

A história da mulher cananeia/siro-fenícia não tem fim. Agora, você é convidada a usar sua imaginação criativa para continuar a releitura e reescrever e atualizar a narrativa da mulher anônima, dando-lhe um nome e tecendo sua história nova com fios novos.

Im-com-clusão

Para continuar o processo de reflexão aqui iniciado, seguimos dispostas a tecer redes, buscando caminhos de sabedoria nos passos da dança da libertação e da transformação.

Referências

CAMPOS, M. B. *A leitura popular da Bíblia*: leitura feminista e de gênero na América Latina. 2007. Disponível em: https://www.puc-rio.br/ensinopesq/ccpg/pibic/relatorio_resumo2007/relatorios/teo/teo_monica_baptista_campos.pdf - Acesso em: 5 maio 2025.

CARPINETTI, L. C. *O estilo polêmico de São Jerônimo na apologia contra Rufino*. [s.d.]. Disponível em: http://www.filologia.org.br/vcnlf/anais%20v/civ3_07.htm - Acesso em: 5 maio 2025.

CELLI, M. E. Jesús y el pan de los hijos: identidad y Cristología en Mc 7,24-31. Texto apresentado pela autora no Congresso de Teólogas Alemãs e Latino-Americanas. Buenos Aires, 2008. Disponível em: https://www.academia.edu/4547125/_Jes%C3%BAs_y_el_pan_de_los_hijos_Identidad_y_Cristolog%C3%ADa_en_Mc_7_24_31_ - Acesso em: 5 maio 2025.

CENTRO DE ESTUDOS BÍBLICOS (CEBI). *Hermenêutica feminista e gênero*. São Leopoldo: Cebi, 1998. (A Palavra na Vida, 155/156).

CENTRO DE ESTUDOS BÍBLICOS (CEBI). *Mulher*: fermentando e gerando vida. São Leopoldo: Cebi, 2000. (A Palavra na Vida, 121).

CENTRO DE ESTUDOS BÍBLICOS (CEBI). *Sentimos Deus de outra forma*: leitura bíblica feita por mulheres. São Leopoldo: Cebi, 1994. (A Palavra na Vida, 75/76).

GALEANO, E. *O livro dos abraços*. Tradução de Eric Nepomuceno. 9. ed. Porto Alegre: L&PM, 2002.

HALLERMANN, B. *Ohne Angst Frau sein*: Subjektwerdung armer lateinamerikanischer Frauen durch gemeinsame Bibellektüre am Beispiel der CEBI-Methode in Brasilien. Münster: Universidade de Münster, 2000.

INFORMAZIONE CRISTIANA. *Donne Insegnanti nella Chiesa Primitiva.* [s.d.]. Disponível em: https://informazionecristiana.jimdofree.com/ministero-donne/donne-insegnanti-nella-chiesa-primitiva – Acesso em: 5 maio 2025.

MATEOS, J.; CAMACHO, F. *El Evangelio de Marcos*: análisis lingüístico y comentario exegético. Córdoba: El Almendro, 1993. v. 2.

MATEOS, J.; CAMACHO, F. *Evangelio, figuras y símbolos.* Córdoba: El Almendro, 1999.

MOSÉ, V. O que pode a palavra. *Instituto CPFL*, Campinas, 21 nov. 2009. Disponível em: https://institutocpfl.org.br/integra-o-que-pode-a-palavra-viviane-mose – Acesso em: 20 set. 2024.

NAVARRO, M. María-Madre, el paso de una a otra fe. *Ephemerides Mariologicae*, v. 44, n. 1, p. 67-98, 1994.

NEUENFELDT, E. G. (org.). *Nossos caminhos e opções metodológicas*: ensaios de leitura bíblica popular, feminista e de gênero – Lucas 11,27-28. São Leopoldo: Centro de Estudos Bíblicos (CEBI), 2008. (A Palavra na Vida, 246).

PONTIFÍCIA COMISSÃO BÍBLICA. A *interpretação da Bíblia na Igreja.* Roma, 15 abr. 1993. Disponível em: https://www.vatican.va/roman_curia/congregations/cfaith/pcb_documents/rc_con_cfaith_doc_19930415_interpretazione_po.html – Acesso em: 5 maio 2025.

REVISTA DE INTERPRETAÇÃO BÍBLICA LATINO AMERICANA (RIBLA). *Mas nós mulheres...* Petrópolis/São Leopoldo: Vozes/Sinodal, 1996. v. 25.

SANTOS, O. B.; MUSSKOPF, A. S. Interpretação bíblica: raízes patriarcais e leituras feministas. *Interações*, Belo Horizonte, v. 13, n. 24, p. 334-354,

2018. Disponível em https://periodicos.pucminas.br/index.php/interacoes/article/view/18446 – Acesso em: 11 set. 2024.

SCHÜSSLER FIORENZA, E. *As origens cristãs a partir da mulher*: uma nova hermenêutica. Tradução de João Rezende Costa. São Paulo: Paulinas, 1992.

SCHÜSSLER FIORENZA, E. *Caminhos da sabedoria*: uma introdução à interpretação bíblica feminista. São Bernardo: Nhanduti, 2009.

SCHÜSSLER FIORENZA, E. *Discipulado de iguais*: uma ekklesia-logia feminista crítica da libertação. Petrópolis: Vozes, 1995.

SILVA, M. F. Marcela de Roma, a Palavra de Deus e a participação efetiva das mulheres na Igreja dos primeiros séculos. Porto Alegre, 1 set. 2023. Disponível em: https://www.irmasicm.org.br/marcela-de-roma-a-palavra-de-deus-e-a-participacao-efetiva-das-mulheres-na-igreja-dos-primeiros-seculos/. Disponível em: 5 maio 2025.

TAMEZ, E. A mulher que complicou a história da Salvação. *Estudos Bíblicos*, Petrópolis, n. 7, p. 56-72, 1985.

VENANCIO, S. *Uma abordagem antropológica da hermenêutica feminista na América Latina*. 2008. Disponível em: https://www.puc-rio.br/ensinopesq/ccpg/pibic/relatorio_resumo2008/relatorios/ctch/teo/teo_silvana.pdf – Acesso em: 5 maio 2025.

Yentl. Direção: Barbra Streisand. Los Angeles: United Artists, 1983.

7

Mediações hermenêuticas, imagens e símbolos da linguagem teológica das mulheres

Cleusa Maria Andreatta

Introdução

A questão da linguagem teológica das mulheres, a qual tem como tema nuclear a linguagem sobre Deus, ocupa um lugar de fundamental importância no fazer teológico das mulheres, de tal forma que sua trajetória histórica já é de seis décadas.

Em uma conferência ainda recente, a teóloga italiana Marinella Perroni destacou o que segue:

> Deus tem o rosto de quem o conta. O Deus bíblico é o Deus narrado, que se entrega às linguagens, às narrativas e à história. O Deus das mulheres é um Deus diferente. A revelação diz que Deus não existe fora do seu dar-se a conhecer, mas o seu dar-se a conhecer está dentro das linguagens dos homens e das mulheres que de alguma forma dele fizeram a experiência. Deus é de quem fala dele ou de quem dá-lhe as palavras para dar-se a conhecer (Caffagnini, 2023)[67].

67. A citação refere-se à fala da teóloga na conferência intitulada "Per un linguaggio non sessista: come parliamo di dio?", promovida pelo Secretariado Attivittá Ecumeniche em Assis, Itália, no dia 25 de julho de 2023. Disponível em: https://youtu.be/TwAaTvqvYNA?si=grpbetIwbbuxI78B

Essa afirmação foi feita em uma mesa-redonda intitulada, em tradução livre, "Por uma linguagem não sexista: como falamos sobre Deus?", na qual cristãos e cristãs de diferentes denominações se questionam sobre como construir igrejas mais acolhedoras, capazes de acolher as diversidades e, em primeiro lugar, a diversidade de gênero. Falar de sexismo é falar de relações excludentes com relação às mulheres. E levantar esse tema em conexão com nosso falar sobre Deus implica pensar como a linguagem sobre Deus pode contribuir para relações inclusivas na Igreja e na sociedade. Isso nos leva a questionar-nos espontaneamente sobre como essa problemática incide em todo nosso fazer teológico como mulheres, no trabalho teológico em nossos espaços acadêmicos, no anúncio e na celebração da fé em nossas comunidades eclesiais, no chamado a uma vida em comunidade nos caminhos de um discipulado de iguais, inclusivo para mulheres e homens.

O tema da linguagem teológica das mulheres, enquanto linguagem inclusiva, está intimamente conectado com os anseios e lutas pelo reconhecimento da dignidade e da plena cidadania das mulheres na Igreja e na sociedade. Ao longo deste capítulo focamos nossa atenção especialmente na questão da linguagem teológica em relação a Deus, e retomamos alguns aspectos que permearam o trabalho teológico das mulheres em busca de uma legitimação teológica no uso de imagens e metáforas femininas para expressar o mistério de Deus. Os elementos abordados nos permitem compreender que a reformulação da linguagem sobre Deus levando em conta a experiência das mulheres não é um fim em si mesma, mas está a serviço da transformação de situações injustas geradoras de desigualdade e exclusão.

1 As mulheres e sua experiência de exclusão na linguagem sobre Deus

Um primeiro aspecto que destacamos aqui diz respeito ao papel fundamental que as ideias religiosas desempenham para as estruturas sociais e os fundamentos religiosos e teológicos da sociedade. Nessa perspectiva, "o símbolo de Deus funciona como símbolo principal de todo o sistema religioso, o ponto máximo de referência para a compreensão da experiência da vida e do mundo" (Johnson, 1995, p. 18). Com isso, nós nos colocamos diante do contexto desde o qual emerge a problemática central para a linguagem teológica das mulheres cristãs.

A linguagem teológica tradicional[68] em relação a Deus foi forjada em conexão com o sistema religioso monoteísta judaico-cristão, predominante na civilização ocidental, o qual se caracteriza por uma cosmovisão patriarcal do mundo e da sociedade como um todo[69]. Em tal contexto, a fé cristã serve-se predominantemente de imagens e conceitos masculinos: rei, juiz, senhor e, especialmente, pai. "O símbolo de Deus funciona." Essa premissa, utilizada de forma axiomática por Elizabeth Johnson (1995) em sua obra *Aquela que é*, é particularmente significativa para a análise de como as palavras, os conceitos, as imagens e os símbolos utilizados pela linguagem teológica tradicional refletem e atuam para reforçar o sistema de valores e moldar as estruturas e relações sociais. Mais especificamente, a questão nuclear que se coloca é: Como o símbolo de Deus funciona para e sobre as mulheres?

De modo geral, os diversos estudos feministas no contexto cristão reconhecem que, da mesma forma que as mulheres foram excluídas nos processos de formação dos símbolos públicos, a exclusão acontece também no âmbito teológico por meio da exclusão presente na maneira de falar de Deus (Johnson, 1995, p. 19), bem

---

68. Podemos compreender aqui a "teologia tradicional" no mesmo sentido de "teologia clássica", como formula Elizabeth Johnson (1995, p. 26): "conjunto de pensamento que se originou nos primórdios do cristianismo em parceria com a tradição grega e que teve prosseguimento durante o período medieval".

69. Para aprofundar este assunto, cf. Gebara (2023, cap. 1).

como na formulação dos credos, doutrinas, orações e ritos litúrgicos – exclusões estas associadas a outras exclusões na vida da Igreja[70]. Consequentemente, o modo exclusivo de falar sobre Deus em termos masculinos contribui, de múltiplas maneiras, para favorecer um mundo imaginário e estrutural dualista, que exclui ou subordina as mulheres, afetando-as em prejuízo inclusive do reconhecimento de sua dignidade enquanto criadas como *imagem de Deus*[71]. Evidencia-se, desse modo, "a conexão entre a linguagem excludente sobre Deus e a exclusão das mulheres da cidadania plena" (Hunt, 2012, p. 7), afetando a vida das mulheres na esfera pública da sociedade, na Igreja e na família.

Ao mesmo tempo, a mesma tradição teológica que favoreceu a exclusão e a subordinação das mulheres constitui-se no contexto experiencial da fé que sustentou as mulheres por diversas gerações, inclusive deixando brechas para experiências alternativas de Deus, como o encontramos na história da mística.

A reformulação da linguagem teológica na perspectiva das mulheres, mais especificamente da linguagem sobre Deus, portanto, implica lidar com as ambiguidades da linguagem teológica clássica mediante a crítica ao pensamento clássico, ao mesmo tempo que se trata de resgatar dela toda a sabedoria esquecida, negligenciada ou escondida que possa honrar a humanidade e a dignidade das mulheres[72].

2 A crítica da linguagem teológica sobre Deus

A revisão crítica e a reconstrução da linguagem sobre Deus pela teologia feminista leva em conta os *insights* dos teóricos da

70. Cf. tb. Schüssler Fiorenza *et al.* (1985) e Carr (1991, p. 117s.).

71. Para uma compreensão dos problemas culturais, antropológicos e teológicos que resultam nas concepções dualistas da tradição judaico-cristã sobre homem-mulher, masculino-feminino e das relações entre ambos e com Deus, cf. Bingemer (1990).

72. Cf., p. ex., a interessante atualização deste debate em Jansen (2024).

virada linguística que caracterizou os estudos da linguagem no século XX, a respeito das interconexões entre linguagem e realidade com o respectivo papel da linguagem para a formação de nossos conceitos e visão de mundo (Hines; McEnroy, 1987). Sob esse enfoque estão implicadas também as conexões entre linguagem e poder, pois quem controla a linguagem tem um poder que repercute nos sistemas de linguagem e na realidade sobre a qual esses sistemas incidem. Em sua crítica à linguagem teológica sexista e androcêntrica, própria do sistema patriarcal no qual ela foi formulada, teólogos e teólogas feministas o fazem conscientes do poder da linguagem teológica também para moldar as relações sociais e eclesiais, além da consciência das pessoas. Assim, a teologia feminista é uma teologia engajada, política e socialmente envolvida. Portanto, o ato de nomear tem uma dimensão teopolítica (Hunt, 2012, p. 5) que diz respeito tanto a quem tem o poder de nomear quanto ao poder da linguagem para moldar a sociedade e a consciência humana. Nessa perspectiva compreende-se a afirmação de que "a linguagem sobre Deus é uma das mais difíceis e perigosas de se trabalhar, por que tanto pode resultar em estruturas opressivas como pode ser um trampolim para a libertação" (Hunt, 2012, p. 6). Por isso tudo, "mudar estruturas injustas e opressivas envolve mudar o sistema de linguagem que as legitima" (Hines; McEnroy, 1987).

De diferentes modos, a linguagem teológica tradicional continua influenciando a linguagem contemporânea sobre Deus, embora já se possa vislumbrar alguns sinais de mudanças em alguns espaços do fazer teológico em geral e em diversas igrejas locais. As comunidades cristãs se referem normalmente ao mistério de Deus segundo o modelo oferecido pelo ser humano do sexo masculino que exerce o poder, utilizando imagens, conceitos e metáforas que "refletem a experiência dos homens que dominam o sistema patriarcal" (Johnson, 1995, p. 60). Para a crítica feminista, o problema nuclear não está simplesmente no uso de termos, conceitos e metáforas masculinas por si sós, mas no seu uso de modo *exclusivo*, *literal* e *patriarcal*, com a consequente exclusão das experiências das mulheres quanto a seus valores, imagens e metáforas na designação de Deus e, mais ainda, aos "efeitos históricos e práticos que tal linguagem teve sobre a existência das mulheres e da comunidade humana em geral" (Johnson, 1995, p. 60).

Embora a Bíblia e outras fontes da tradição teológica e espiritual judaico-cristã contem com múltiplas formas de designar o mistério divino, a linguagem cristã predominante usa de forma exclusiva termos masculinos, negligenciando metáforas e imagens femininas retiradas do mundo natural e/ou relacionadas a experiência das mulheres.

A Bíblia e a tradição também fazem amplo testemunho de que o mistério de Deus não se deixa abarcar dentro dos limites do conhecimento humano e seus enunciados. Entretanto, o símbolo masculino de Deus usado de forma exclusiva também é usado de forma literal, de tal modo que a masculinidade se vislumbra como característica essencial de Deus, contrariando amplamente a negação da regra da analogia. Esse uso literal se evidencia sobretudo pelo contraste entre a normalidade com que são utilizados termos masculinos e as resistências e objeções quando são empregadas imagens femininas, resistências essas que persistem inclusive mesmo com toda a produção teológica já existente quanto à importância da introdução, na reflexão teológica, de imagens e conceitos relacionados hauridos da experiência feminina.

A questão radical da crítica feminista ao *patriarcado* é que este adota como paradigma para o símbolo de Deus a figura do *homem que governa* dentro de um sistema patriarcal. Nessa perspectiva, a crítica se dirige de modo particular à definição de Deus como pai, enquanto tal metáfora deriva de estruturas humanas patriarcais e fornece-lhe uma legitimação. O *patriarcado* significa, então, o governo do pai e, enquanto estrutura política, social e familiar dominante na história cristã do Ocidente, tem servido para dar estabilidade a uma Igreja e a uma ordem social hierárquica e androcêntrica, de tal modo que resulta em relações de desigualdade que afetam negativamente as relações humanas e, também, nossa relação com a natureza (cf. Carr, 1991, p. 162-171; Gebara, 1997, p. 115-129). Assim, o *patriarcado* constitui-se como designação de estruturas sociais sexistas que se consolida em conexão com o *androcentrismo* como padrão de pensamento e ação que eleva o homem governante adulto como paradigma da plena humanidade e como norma para a linguagem em relação a Deus (Johnson, 1995, p. 46). Tal linguagem, por sua vez, legitima a dinâmica do poder humano baseada na subordinação hierárquica consagrada no patriarcado.

Enfim, a linguagem *exclusiva*, *literal* e *patriarcal* considerada do *ponto de vista social* tem um *duplo efeito* negativo. Por um lado, funciona para legitimar e reforçar estruturas patriarcais e sexistas nas famílias, na Igreja e na sociedade, bem como para justificar uma visão androcêntrica do mundo. "O resultado de tudo isso é uma comunidade fragmentada e seres humanos moldados segundo padrões de dominação e subordinação, acompanhados de violência e sofrimento" (Johnson, 1995, p. 38). Nessa perspectiva, a linguagem patriarcal, exclusiva e literal atua como *ideologia*. Considerada do *ponto de vista teológico*, na medida em que a linguagem relacionada ao homem dominante é exaltada como sendo a única maneira adequada de se falar a respeito de Deus, ela abrange um único conjunto de metáforas e, dessa forma, transforma-se em *idolatria*. Qualquer uso de conceitos e imagens de forma exclusiva e literal para falar sobre Deus contrasta radicalmente com uma larga tradição teológica que sempre de novo aponta para a *essencial inadequação* de todos os nossos conceitos e imagens de Deus e a insuperável limitação de nosso conhecimento de Deus, pois o *Deus vivo transcende* a todas as nossas representações humanas e não se deixa abarcar por nenhum conceito humano.

Em contraposição aos efeitos ideológicos do uso exclusivo e literal de termos masculinos, a teologia feminista propõe

> procurar e usar metáforas que representem uma estrutura de poder diferente, que apontem para relações de igualdade e mutualidade. Uma vez que as questões de poder estão intimamente ligadas à questão da nomeação de Deus, a teologia feminista também procura redefinir e renomear o poder. O poder não está inerentemente ligado à violência e à dominação, mas também pode evocar amor e carinho (Hines; McEnroy, 1987, p. 133-134).

Por outro lado, em contraposição ao uso idolátrico de termos masculinos para referir o mistério de Deus, a teologia feminista propõe usar uma pluralidade de imagens, mediante uma linguagem metafórica, para que nenhuma imagem possa ser confundida com a realidade (Hines; McEnroy, 1987, p. 133-134).

3 Recursos e mediações da linguagem teológica das mulheres

O trabalho de reformulação da linguagem teológica sobre Deus na perspectiva das mulheres inscreve-se no amplo contexto da compreensão da teologia como hermenêutica, cuja função principal é a "correlação crítica e mútua entre a interpretação da tradição cristã e a interpretação da nossa experiência contemporânea" (Geffré, 1989, p. 7). Trata-se de um empreendimento hermenêutico bastante complexo que articula a reflexão teológica com base numa variedade de fontes e recursos: a *Sagrada Escritura* enquanto contexto histórico e narrativo que dá origem a imagens e conceitos que perpassam as simbologias sobre Deus; a *tradição* enquanto atualização contínua da mensagem originária e considerando diferentes momentos e contextos históricos; as contribuições de conhecimentos extraídos das *ciências*, especialmente das ciências humanas, que caracterizam o fazer teológico das mulheres como um processo transdisciplinar; as experiências humanas conforme interpretadas em diferentes áreas de conhecimento; e, em última instância, a mediação da teologia em outras perspectivas.

Obviamente tais fontes e recursos são amplamente utilizados em qualquer área de estudos e produção teológica contemporânea. A peculiaridade da reflexão teológica feminista está no fato de essas fontes e recursos serem acessados e utilizados no fazer teológico na perspectiva das mulheres tendo em vista a transformação de discursos teológicos e sistemas simbólicos que historicamente produziram opressão e injustiças para as mulheres. O propósito é contribuir para o surgimento, na Igreja e na sociedade, de uma "comunidade nova, libertadora para mulheres e homens, caracterizada pela reciprocidade de uns com os outros e pela harmonia com o Planeta Terra" (Johnson, 1995, p. 58).

Entre os principais requisitos da teologia feminista está a necessidade de promover uma compreensão crítica da tradição teológica do passado e desenvolver um novo olhar sobre ela à luz das questões atuais. Para isso, a mediação da teoria hermenêutica e da teoria crítica na teologia feminista oferece uma base clara para a dupla possibilidade da desconstrução das distorções do passado e a busca de uma possibilidade futura que está além da distorção, em diálogo com as experiências contemporâneas das mulheres. Essa tarefa tem como pressuposto o fato de que as mulheres que fazem teologia

> vivem dentro das tradições culturais e religiosas formadas pelo judaísmo e pelo cristianismo, que fornecem a própria linguagem com a qual formulam suas críticas e os símbolos e contrassímbolos com os quais imaginam novas possibilidades (Carr, 1991, p. 122).

Assim, em sua busca por compreender adequadamente a tradição e dar-lhe novas interpretações, a teologia feminista recorre às contribuições da *hermenêntica* e da *teoria crítica* mediante uma confluência de ambas, com seus respectivos interesses, para sua análise

> não apenas dos textos bíblicos e históricos, mas também das maneiras pelas quais esses textos foram interpretados ao longo de séculos de pregação e ensino, e dos efeitos que tiveram e têm na vida concreta das mulheres e em sua autoimagem (Carr, 1991, p. 123).

De modo geral, esse esforço hermenêutico é mediado por uma metodologia que se desdobra em diversas perspectivas que se articulam especialmente em torno de três tarefas inter-relacionadas, que de diferentes formas se retroalimentam mediante o movimento do círculo hermenêutico (cf. Johnson, 1995, p. 54-56; Carr, 1991, p. 15-18):

(a) Uma primeira tarefa é a crítica que se volta para o passado, fazendo uma análise criteriosa das opressões herdadas mediante um trabalho de revisão e desconstrução que flagra a dinâmica oculta da dominação na linguagem da tradição cristã sobre os costumes, a memória, a história, os textos sagrados, a ética, o simbolismo, a teologia e o ritual. Atua nessa perspectiva uma hermenêutica da suspeita, a qual se questiona sobre pressupostos, expressos ou subjacentes, dos textos bíblicos e da tradição que atuam no sentido de produzir e sustentar situações de opressão – e, no caso do tema aqui em estudo, o que está em jogo é como atuam os discursos sobre Deus. Essa revisão crítica é acompanhada da denúncia da idolatria da linguagem exclusiva na qual o simbolismo e a analogia acabam se confundindo com a realidade, como já indicado anteriormente.

(b) Uma segunda tarefa é o trabalho de recuperação, mesmo que às vezes de modo fragmentário, de sabedorias ignoradas e alternativas e de histórias não contadas que evidenciam a presença e a contribuição das mulheres no passado e abrem perspectivas para resgatar temas teológicos capazes de inspirar a transformação do pensamento e da ação hoje, numa perspectiva libertadora não só para as mulheres, mas para toda a humanidade. Nessa direção, temas e elementos da fé cristã – como a criação do homem e da mulher à *imagem de Deus*, a recriação de ambos à *imagem de Cristo* pelo Sacramento do Batismo, entre outros – vão sendo ressignificados sob uma nova luz, numa fidelidade criativa que possibilita a formação de comunidades mais igualitárias em suas relações.

(c) Um terceiro enfoque para o fazer teológico das mulheres se dá como uma reconstrução criativa, mediante o trabalho de revisão de categorias cristãs, o qual proporciona novas articulações das normas e dos métodos da teologia e aborda os símbolos e as práticas cristãs sob novas perspectivas, capazes de promover a igualdade e a plena humanidade não só para as mulheres, mas de forma extensiva a todas as pessoas que experimentam opressão, abrindo caminhos para a inclusão numa comunidade em que predominem relações de reciprocidade.

Sob diferentes perspectivas, a experiência das mulheres é constitutiva da metodologia do fazer teológico na perspectiva das mulheres. De diversas formas, as teólogas e os teólogos reconhecem que o fazer teológico na perspectiva das mulheres, seja ele de viés feminista ou não, emerge de uma experiência de injustiça:

> A teologia feminista surge, como toda teologia da libertação, da experiência de ter sido ferida. Surge da destruição infligida à vida das mulheres, seja ela concebida em termos psíquicos, intelectuais, sociais, políticos ou econômicos. Surge entre mulheres que percebem sua situação e caminham em comum, rompendo com os convencionalismos e formas da teologia dominante e seus pactos com o poder (Sölle, 2000, p. 113).

4 A mediação hermenêutica da experiência das mulheres

Em sua metodologia, a teologia feminista recorre fundamentalmente à experiência das mulheres como fonte de conteúdos de todo o seu fazer teológico. É importante ter presente que o princípio da "experiência" como base do fazer teológico não é uma característica específica da teologia feminista. Como bem observa Rosemary Radford Ruether (1993, p. 18),

> o que se tem como fontes objetivas da teologia – Escritura e Tradição – são, elas próprias, experiência humana coletiva em forma codificada [...]. A tradição codificada remonta às raízes situadas na experiência e também é constantemente renovada ou descartada através do teste da experiência.

Entretanto, a singularidade do uso da experiência por parte da teologia feminista com relação à teologia clássica, tradicional, reside no "uso da experiência das mulheres, que no passado foi quase que inteiramente excluída da reflexão teológica" (Ruether, 1993, p. 18-19) e que agora emerge como categoria e norma de um fazer teológico, com múltiplas manifestações de sua força crítica e criativa.

O exercício concreto de utilização da experiência no fazer teológico das mulheres recorrentemente suscitou e ainda suscita exercícios de análise e debates sobre o que envolve a experiência das mulheres enquanto tal[73]. Interessa-nos aqui alguns enfoques dessa análise que nos ajudam a compreender como a experiência das mulheres incide na reformulação da linguagem sobre Deus.

4.1 A correlação entre linguagem e experiência

Nesse processo criativo de reconstrução da linguagem teológica em conexão com a experiência é importante entender a cor-

73. Para um estudo sobre o uso da experiência das mulheres no fazer teológico na perspectiva das mulheres, cf. Melançon (2000).

relação entre linguagem e experiência. A virada linguística que caracterizou os estudos da linguagem no século XX contribuiu significativamente para a compreensão da importância da linguagem na estruturação da experiência, mediante uma relação de reciprocidade entre linguagem e experiência, bem como das consequências sociais e políticas dessa relação (Hines; McEnroy, 1987, p. 133). A linguagem dá forma à experiência, ao mesmo tempo que a experiência plasma a linguagem.

Ao colocar a experiência das mulheres como elemento essencial para o fazer teológico, a teologia feminista reconhece que as experiências das mulheres são condicionadas e informadas pelo sistema de linguagem no qual nascem e vivem. Em conexão com isso, a linguagem teológica sobre Deus, mediante o uso de termos masculinos de forma exclusiva e literal, atua psicologicamente como um "instrumento de condicionamento sutil que age para debilitar o sentimento de dignidade, de poder e de autoestima da mulher" (Johnson, 1995, p. 67). É, portanto, um instrumento de "violência simbólica contra a identidade das pessoas do sexo feminino, bloqueando-lhes a *identidade como imagens de Deus* e restringindo-lhes o acesso ao poder divino" (Johnson, 1995, p. 68, grifo nosso).

Dados os efeitos negativos da linguagem sexista e excludente sobre Deus na vida das mulheres, impõem-se uma análise e uma caracterização da experiência das mulheres que possibilitem compreendê-las em sua profundidade para a formulação de uma nova linguagem sobre Deus.

4.2 **A experiência de conversão** *e suas implicações para a linguagem sobre Deus*

Em continuidade com as considerações anteriores, trazemos aqui a interessante descrição elaborada por Esperanza Bautista (1993, p. 124): "a experiência da mulher tem como ponto de partida uma experiência histórica de marginalização, de pobreza e de submissão". Para ilustrar o alcance dessa caracterização, a autora recorre ao conceito de pensamento de "conhecimentos subjugados", formulado por Michel Foucault (1973) e que é, segundo ela, uma das chaves da teologia feminista. Trata-se de conhecimentos relacionados "à história específica", "à história de subjugação, conflito e dominação", "às histórias de exclusão e sofrimento", em conexão com as quais se dá o processo de "vir a conhecer", formando uma "cultura de resistência e liberdade" e também implicando afirmações quanto à capacidade de transformar as situações de opressão (Bautista, 1993, p. 124-125). Essa forma de conceber a experiência das mulheres é resumida pela autora nos seguintes termos:

> [...] podemos afirmar que este é, precisamente, o processo de aproximação ao conhecimento de Deus pelas mulheres; desde sua experiência de marginalização, a experiência de Deus se converte para elas em uma experiência de liberdade e de amor e que se rege por critérios de graça e gratuidade (Bautista, 1993, p. 125).

A consciência a respeito das conexões entre linguagem excludente sobre Deus e a *experiência de sofrimento e exclusão* mobiliza a busca de outra linguagem, recorrendo a imagens e símbolos que contribuam para a libertação e a resistência da idolatria de um Deus masculino que legitima situações de opressão.

Essas considerações abrem perspectivas fecundas e criativas para uma reflexão teológica que leva em consideração as situações existenciais concretas dentro das quais as mulheres experimentam situações de discriminação e opressão e desde onde anseiam por libertação e esperançosamente se engajam na busca das transformações necessárias por um mundo melhor. Vale recordar aqui que o envolvimento de teólogas de diferentes contextos pôs em evidência a necessidade de considerar a experiência das mulheres mediante "uma análise multidimensional que respeite e contemple as diferenças das mulheres do mundo inteiro"[74], bem como considere a pluralidade de experiências das mulheres. Embora as experiências concretas das mulheres sejam infindavelmente diversas e plurais, o elemento em comum relevante para a teologia feminista é a experiência de *exclusão* e *silenciamento* que resulta na experiência de *indignação* e *protesto* contra o sofrimento causado pelo sexismo.

Elizabeth Johnson caracteriza esse dinamismo da experiência das mulheres como *experiência de conversão* (cf. esp. Johnson, 1995, p. 97-118), na qual se articula o duplo aspecto de *contraste* e *confirmação*: contraste entre o sofrimento do sexismo e o *humanum* da mulher, e *confirmação* da força e do poder criativo da mulher, ambos inseridos na mesma tradição cristã (Johnson, 1995, p. 54, 98-102, grifo nosso; cf. Melançon, 2000, p. 37ss.). Essas experiências fornecem, segundo Johnson, um filão fundamental para a (re) formulação da linguagem teológica das mulheres, pois a irrupção de poder que se desprende das lutas das mulheres, levando-as a resgatar sua condição de sujeitos na organização de sua vida e na atuação histórica, é a matriz que energiza a formulação de novas linguagens para o mistério divino.

A noção de *conversão*, tomada da teologia clássica, é adotada no sentido de "mudança radical do coração e da mente que coloque a vida numa direção diferente" (Johnson, 1995, p. 54, 98-102; Melançon, 2000, p. 37ss.). Entretanto, ela reformula essa noção ao esclarecer o dinamismo inerente à *experiência de conversão* em

74. O ponto de partida desta revisão foi a constatação de que, na reflexão teológica de mulheres norte-americanas, normalmente a experiência das mulheres era entendida em termos essencialistas universalistas, quando na verdade ela era formulada em relação a mulheres brancas de classe média, sem levar em conta a complexidade e a diversidade da experiência das mulheres em conexão com contextos de raça, classe, cultura e outras particularidades históricas. Cf. Johnson (1995, p. 54) e Schüssler Fiorenza (2009, p. 191-192).

conexão à relação dialética entre a experiência de *contraste* e a de *confirmação* (cf. Johnson, 1995, p. 100-102)[75], noções estas que ela esclarece da seguinte forma:

> *Contraste*: Existe uma experiência de uma forte opressão, interpretada exatamente como opressora e, por conseguinte, errada. À medida que a desumanização multifacetada que afeta as mulheres vem à consciência através da luta contra essa mesma desumanização (práxis) e através do raciocínio muitas vezes transformado em prece (reflexão), ergue-se um sentimento de indignação. A contradição entre o sofrimento causado pelo sexismo e o aspecto humano da mulher, entre a opressão, de um lado, e a própria dignidade da mulher, do outro lado, provoca um profundo e irredutível *não*. Isso não pode ser! O julgamento se manifesta: nós valemos mais do que isto. A indignação gera a energia para a resistência, uma ação fundamentada num *sim* igualmente profundo e permanente para a promoção da mulher. Dá-se então o início à busca, tanto na ação como na teoria, de novas formas de vida que irão recuperar o que fora perdido (Johnson, 1995, p. 99).

A noção de *confirmação* aponta para a conscientização positiva que as mulheres adquirem através de memórias e relatos que contribuem para o reconhecimento do seu valor e a afirmação de si mesmas como sujeitos na história e da própria história.

Na relação dialética entre *contraste* e *confirmação*, a *conversão* se traduz como afastamento de toda e qualquer depreciação de si mesma e como um renascimento que se dá como processo de re-

---

75. Para esclarecer a concepção de experiência de conversão, a autora recorre à categoria de *experiência negativa de contraste*, a qual ela empresta de Edward Schillebeeckx. Cf. Johnson (1995, p. 100). Para um aprofundamento da categoria "experiência negativa de contraste", enquanto chave hermenêntica em Schillebeeckx, cf. Andreatta (2003, cap. 3).

cuperação da consciência do próprio valor, de afirmação da própria dignidade. Trata-se de uma mudança de rumo que libera uma energia que impulsiona esforços em vista da transformação da realidade, das estruturas, rumo a possibilidades novas de vida para as mulheres e toda a humanidade.

Enfim, a *experiência de conversão* constitui-se num recurso básico para a formulação da linguagem teológica das mulheres na medida em que ela expressa um dinamismo de empoderamento das mulheres para rejeitar as formulações sexistas e buscar novas interpretações, que levem em conta e fortaleçam seu valor enquanto mulheres. Em seus desdobramentos, o dinamismo da experiência de conversão atinge "as profundezas do processo criativo no qual é formada a linguagem em relação a Deus" (Johnson, 1995, p. 97) em três perspectivas:

- Essa conversão afeta na base as interpretações da espiritualidade, pois o despertar das mulheres para o seu próprio valor humano pode ser interpretado como uma nova experiência de Deus, na qual Deus é experimentado em termos novos, abrindo-se novas possibilidades para expressá-lo (Johnson, 1995, p. 102-106).

- Ela afeta a interpretação dos valores morais de forma que o campo da ética feminina se amplia e enriquece em descobertas e no reconhecimento da maneira característica como a mulher vive e atua no mundo.

- Ela afeta o campo da doutrina teológica, pois as mulheres reivindicam domínio e reconhecimento de sua *identidade teológica* como *imagem de Deus* e *imagem de Cristo* e os reivindicam de modo concreto, mediante a recuperação de aspectos relegados a segundo plano nas Escrituras e na tradição.

Com isso, estamos diante de uma das questões teológicas mais fundamentais e decisivas com relação à linguagem teológica das mulheres, que é a (re)afirmação da *identidade teológica das mulheres*, cujo alcance Elizabeth Johnson (1995) expressa nos seguintes termos:

> Experiência feminina do eu interpretada como a experiência de Deus, revestida de valores característicos do modo feminino de ser no mundo, chega-se a um ponto de esplendor teológico quando a mulher começa a articular-se e a agir de acordo com sua dignidade de *imago dei* e *imago Christi*.

Evidencia-se, dessa forma, que a reformulação da linguagem teológica sobre Deus se conecta de modo fundamental com a revisão teológica da antropologia cristã.

4.3 A identidade teológica da mulher e a linguagem em relação a Deus

A antropologia cristã tem como ponto fundamental a doutrina segundo a qual os seres humanos de ambos os sexos foram criados à imagem de Deus e, também, que tanto o homem como a mulher, membros da comunidade, pelo poder do Espírito Santo são transformados segundo a *imagem de Cristo*. Entretanto, o dualismo filosófico neoplatônico e aristotélico, marcadamente androcêntrico, que moldou a teologia clássica introduziu uma profunda ambiguidade na interpretação dessa doutrina, a qual alcança todos os níveis da existência: cosmológico, ontológico e sociológico. Os conteúdos dessa interpretação foram perpassados por uma estereotipia de gênero – de acordo com esta, o homem é a imagem principal de todas as qualidades consideradas superiores e, portanto, imagem de Deus, enquanto sobre as mulheres são projetadas qualidades consideradas inferiores, que as colocam em segundo plano. O resultado dessa interpretação é a concepção de que somente o ser humano do sexo masculino é *teomorfo*, ou seja, tem a forma da imagem de

Deus, ao mesmo tempo que despoja a mulher de sua identidade teológica e da dignidade que lhe corresponde enquanto tal.

A revisão da antropologia tradicional na teologia feita por mulheres possibilita atualmente um novo domínio da doutrina a respeito da *imago dei*, capaz de fundamentar a *identidade teológica* e impulsionar suas implicações concretas na vida das mulheres, na comunidade eclesial e na sociedade, de modo abrangente.

> A mulher é *imago Dei* no exercício da administração que exerce sobre a terra e da capacidade de governar como representante de Deus, com desvelo ecológico, em sua afinidade, por sua natureza, com o mistério sagrado; em sua racionalidade e inteligência e em sua liberdade apta à união com Deus; em sua criatividade, sociabilidade, seu espírito de comunhão entre si e com o homem, com os filhos e com toda a terra; em sua corporeidade e em seu destino. A totalidade da realidade feminina se afirma como criada por Deus e abençoada com a identidade de ser à imagem e semelhança dele. Falando de modo prático, isso leva ao imperativo moral de respeito para com a mulher, à responsabilidade de não desfigurar a imagem viva de Deus, mas a promovê-la através de uma práxis transformadora. *Em termos linguísticos, isso oferece uma justificativa fundamental para uma linguagem em relação a Deus através dos símbolos femininos, uma vez que a própria mulher é teomórfica. Se a mulher foi criada à imagem de Deus, sem qualquer qualificativo, então sua realidade humana oferece uma metáfora condizente, para não dizer excelente, de uma linguagem em relação ao mistério divino, que se torna ainda maior* (Johnson, 1995, p. 112, grifo nosso).

Por outro lado, o androcentrismo típico de toda a antropologia teológica tradicional deu ao homem a primazia na identificação com Cristo, gerando dificuldades para a compreensão de que a mulher, da mesma forma que o homem, também é cristomórfica.

Tais dificuldades estão associadas à mentalidade que dá primazia ao homem na identificação com Cristo, como se o aspecto proeminente em relação a Cristo fosse o sexo masculino. Entretanto, uma retomada das tradições do batismo e do martírio em conexão com a experiência feminina e o reconhecimento do seu valor coloca sob uma nova luz a compreensão da dimensão cristomórfica da mulher. Segundo as tradições do batismo, a participação na vida de Cristo se baseia na comunhão com o Espírito:

> aqueles que vivem a vida de Cristo são imagens de Cristo. O Cristo total é uma personalidade incorporada, uma realidade relacional, a humanidade redimida que encontra o seu caminho através da luz da narrativa histórica do amor misericordioso e libertador de Jesus: Cristo existe somente pneumatologicamente pelo Espírito Santo (Johnson, 1995, p. 114).

Por outro lado, a identificação das mulheres com Cristo se dá pelo martírio. Como atesta At 9,1-5, nas perseguições aos cristãos tanto homens quanto mulheres que são discípulos são identificados com Jesus, sem qualquer distinção, e, dessa forma, a ambos é dado o mesmo valor teológico. E, nas perseguições empreendidas pelos imperadores romanos, "as mulheres continuaram sendo vistas de forma semelhante a Cristo, como ícones gráficos do amor e da coragem, tão fundamentais para a história cristã da salvação" (Johnson, 1995, p. 115). Há, portanto, uma sacramentalidade subjacente entre as pessoas crucificadas e Jesus Cristo, sejam homens ou mulheres, o que se reconhece amplamente na martiriologia que atravessa a história e chega até os nossos dias.

Enfim, a aptidão fundamental de serem portadoras da imagem de Deus e de Cristo é um dom que não se restringe pelo sexo. As mulheres sabem e aprendem sempre de novo, por sua própria *experiência de conversão*, que qualquer distorção que obstaculiza sua identidade teológica enquanto *imagem de Deus* e *imagem de Cristo* já não pode ser admitida mediante um *não* decisivo. E, pela energia e pela confiança que emergem de suas *experiências de conversão*, emerge a confirmação de sua identidade e sua dignidade plena, que conferem legitimidade para suas experiências poderem fornecer conceitos, imagens e metáforas voltadas a uma reformulação da linguagem teológica de tal forma que o mistério de Deus possa ser expresso também no feminino.

5 O uso de símbolos femininos na linguagem sobre Deus

Enquanto buscam corrigir as distorções, ocasionadas mediante imagens masculinas, da linguagem exclusiva sobre Deus, as mulheres também reconhecem no símbolo de Deus "a fonte última de tudo o que existe, o nome daquela realidade oculta que permanece um mistério, que transcende e relativiza todas as nossas imagens e concepções de Deus" (Carr, 1991, p. 161) e que, portanto, está além e acima de toda a imaginação. Consequentemente, ao usar conceitos e metáforas femininas na designação do mistério de Deus, as mulheres levam em conta o princípio teológico da *teologia apofática* ou *negativa* quanto à *essencial inadequação* de todos os nossos conceitos de Deus, bem como a insuperável limitação de nosso conhecimento de Deus e a incompreensibilidade do motivo pelo qual a teologia clássica elaborou a compreensão de que, para evitar que uma afirmação sobre Deus seja interpretada como expressão da realidade mesma de Deus, ela deve ser submetida ao tríplice movimento da analogia: afirmação, negação e eminência (Johnson, 1995, p. 158-181). Enquanto a história continua, todo conceito de Deus será inadequado. Entretanto, tudo isso não constitui motivo para guardar silêncio a respeito de Deus: trata-se de um reconhecimento de que só podemos conhecer o que é próprio de Deus no modo de uma "ignorância consciente" (Schillebeeckx, 1982, p. 48-49).

Dados os limites e inadequações da nossa linguagem, com seus conceitos e imagens, a linguagem sobre Deus só pode ser metafórica, recorrendo a imagens e metáforas, recursos linguísticos que nos permitem nos referir a aspectos da realidade para os quais não dispomos de palavras adequadas[76]. Os estudiosos das estruturas do conhecimento humano nos ajudam a compreender que nós sempre pensamos por imagens e, dessa forma, conhecemos o mundo exclusivamente através de ideias imaginativas. Isso vale também para o conhecimento humano a respeito de Deus.

As imagens e metáforas desempenham um papel fundamental na formação dos símbolos. No processo de recuperação de símbolos femininos na linguagem teológica é particularmente importante a compreensão das características e do dinamismo inerentes a um símbolo (Carr, 1991, p. 124-125; Johnson, 1995, p. 78-79)[77]. As teorias dos símbolos contribuem para esclarecer como os símbolos abrem dimensões da realidade transcendente que, de outra forma, permanecem inacessíveis para nós, bem como mostram que os símbolos participam da realidade que significam. Porém, a participação não equivale a uma identificação: o transcendente sempre supera os seus símbolos. Por isso, "os símbolos religiosos permanecem sob a 'lei da ambiguidade', pois refletem a tendência da religião de colocar símbolos no lugar do próprio divino – a tendência à idolatria" (Carr, 1991, p. 124).

Uma interpretação adequada dos símbolos tendo em vista a formulação da linguagem teológica em termos femininos é, necessariamente, *dialética*. Por um lado, mediante uma hermenêutica da suspeita, ela desmascara os aspectos ideológicos dos símbolos que degradam a humanidade das mulheres (em prejuízo também da

76. Sobre teologia metafórica, cf. McFague (1987, p. 63-108).

77. Cf. Tillich (1957, p. 41-48) e Ricoeur (2000, p. 57-81).

humanidade dos homens). Isso vale para símbolos tanto masculinos quanto femininos, na medida em que "o masculino e o feminino estão entre os termos culturalmente mais estereotipados da linguagem", e dessa forma há prejuízos para a autêntica humanidade tanto do homem como da mulher. Por outro lado, ela exerce uma função restauradora que contribui para recuperar o significado transcendente dos símbolos, o que abre possibilidades para os diversos estudos que empenham "a imaginação para falar em símbolos femininos sobre o mistério divino, testando-lhe a capacidade de transmitir a presença e o poder divino" (Johnson, 1995, p. 79)[78].

É possível identificar na teologia contemporânea especialmente três abordagens distintas por meio das quais se busca a renovação da linguagem teológica sobre Deus mediante o recurso de imagens e símbolos femininos (Johnson, 1995, p. 79-92).

Uma primeira abordagem busca recuperar características femininas usadas na Bíblia para referir-se a Deus, sobretudo aquelas que possibilitam falar de Deus a partir de traços maternais, inclusive evocando-o como mãe. Com isso se procura, de diferentes formas, corrigir os excessos patriarcais e androcêntricos da linguagem de Deus. Entretanto, Deus continua sendo imaginado como uma pessoa masculina e, além disso, há os riscos da estereotipia de gênero quanto à noção de feminino enquanto uma invenção patriarcal.

Uma segunda abordagem propõe descobrir uma dimensão "feminina" em Deus, dimensão esta que é associada especialmente à terceira pessoa da Trindade – o Espírito Santo. Também essa abordagem tem suas riquezas, mas igualmente sofre críticas e, entre outras, repete-se aqui o problema do estereótipo do feminino. Além

---

78. Vale destacar aqui que, com esta afirmação, em nota de rodapé, Elizabeth Johnson convida leitores e leitoras a "deterem-se no exame das ilustrações em relação a Deus neste livro [*Aquela que é*], como exemplo do poder da imagem na movimentação do raciocínio e da práxis para direções específicas".

disso, questiona-se: Qual o sentido em que se pode afirmar que Deus possui dimensões? "Imagens e nomes de Deus não pretendem identificar meramente uma parte do mistério divino. Pelo contrário, eles se destinam a evocar o todo" (Johnson, 1995, p. 89). Portanto,

> se a mulher foi criada à imagem de Deus, então Deus pode ser designado através de metáforas femininas de modo pleno e ilimitado, assim como Ele é imaginado através de metáforas masculinas, sem falar em dimensões femininas que reduzem o impacto dessa imaginação (Johnson, 1995, p. 89-90).

Uma terceira abordagem busca uma linguagem na qual tanto a plenitude da humanidade feminina e masculina quanto a realidade cósmica podem servir como um símbolo divino, na convicção de que só a configuração de uma imagem equivalente de Deus, mulher e homem pode fazer mais justiça à dignidade da mulher e à verdade do mistério divino (cf. Ruether, 1993, p. 62-63). As mulheres se dão conta de que participam da imagem divina e de que, dessa forma, a sua própria realidade concreta pode apontar para o mistério de Deus tanto quanto a realidade dos homens. O uso de imagens equivalentes de símbolos revela novas profundezas do mistério sagrado, bem como da comunidade que faz uso deles (Johnson, 1995, p. 79).

Em resumo,

> na medida em que Deus criou ambos os sexos à sua imagem divina e é a fonte das perfeições para ambos, cada um deles pode ser muito bem empregado como metáfora para indicar o mistério divino. Com efeito, ambos são necessários para uma linguagem mais adequada em relação a Deus, em cuja imagem foi criada a raça humana. Essa pista para uma linguagem em relação a Deus na imagem do masculino e do feminino tem a vantagem de tornar claro, desde o começo, que a mulher goza da dignidade de ter sido feita à imagem de Deus e,

> por conseguinte, de ser capaz, como mulher, de representar Deus. Ao mesmo tempo, essa pista relativiza uma ênfase excessiva que se queira dar a qualquer uma das imagens, uma vez que a insistência na multiplicidade de imagens mostra a parcialidade das imagens de um único sexo (Johnson, 1995, p. 90-91).

6 Considerações finais

As questões abordadas ao longo deste capítulo comprovam o reconhecimento de que a linguagem usada na teologia e nas igrejas e, de modo particular, a linguagem em relação a Deus não é uma questão trivial, não é uma "questão puramente semântica", mas um problema sério e com implicações de longo alcance para as mulheres, que estão cada vez mais sensíveis à maneira como a linguagem eclesial espelha a consciência de mais da metade de seus fiéis e influi sobre a vida de todos os outros.

Mais ainda, o uso da linguagem teológica inclusiva na teologia e na Igreja, bem como a linguagem em relação a Deus mediante o uso equivalente de símbolos femininos e masculinos, é uma questão de enorme relevância na medida em que funciona de maneira positiva em diferentes perspectivas. Certamente contribui para a superação das feridas que resultam de toda uma história de sofrimentos em função das exclusões e humilhações que recorrentemente lhe são infligidas. Por outro lado, na medida em que a linguagem em relação a Deus em termos femininos implica o resgate e o reconhecimento de sua identidade teológica enquanto *imagem de Deus* e imagem de *Cristo*, o símbolo de Deus pode contribuir no fortalecimento das mulheres em termos de sua autoconfiança e seu senso de dignidade, que mobilizam a *experiência de conversão* no sentido exposto de *experiência negativa de contraste*, com toda a sua força de reação profética, que gera energia para saírem em busca de mudanças necessárias e mais de acordo com o projeto do Reino de Deus anunciado por Jesus.

Entretanto, a reformulação da linguagem em relação a Deus em termos femininos e masculinos de modo equivalente permanece uma tarefa em aberto. O trabalho de investigação hermenêutico dos textos bíblicos e da tradição em busca de imagens e símbolos femininos tem evidenciado a presença, na Bíblia, de tendências igualitárias eivadas de termos, imagens e símbolos próprios da experiência feminina (Bingemer, 1990, p. 108-125; Johnson, 1995, p. 128). Destacam-se especialmente três símbolos bíblicos constituídos como imagens femininas fortes do Deus vivo, presente e atuante no mundo: o Espírito, a Sabedoria/Sophia e a Mãe. A hermenêutica bíblico-teológica desses símbolos, de modo geral, articula-se explorando suas afinidades e conexões com diversas outras palavras do gênero feminino, cujo significado está relacionado ao contexto semântico das experiências femininas (*shekinah*, *ruah*, *rahamin*, entre outros), bem como outros símbolos femininos ligados a qualidades e funções das mulheres. Podemos verificar que esses termos e símbolos vão sendo introduzidos paulatinamente nas reflexões teológicas, na linguagem cristã, em algumas orações, no hinário. Entretanto, ainda permanecem periféricos e colocados em segundo plano, muito aquém ainda de um uso equivalente ao dos símbolos masculinos. A linguagem em relação a Deus em termos masculinos exclusivos continua sendo predominante nas celebrações litúrgicas (cf. Jansen, 2024).

Vale destacar aqui o pedido da Segunda Sessão da Assembleia Sinodal, em outubro de 2024: "A Assembleia convida também a prestar maior atenção à linguagem e às imagens utilizadas na pregação, no ensino, na catequese e na redação dos documentos oficiais da Igreja, dando mais espaço ao contributo de mulheres santas, teólogas e místicas" (XVI Assembleia Geral Ordinária do Sínodo dos Bispos, 2024).

A tarefa está posta. O trabalho de formulação de uma linguagem mais inclusiva na perspectiva de gênero no campo da liturgia já foi iniciado. Será esse o tempo oportuno para se explorar novas possibilidades e dar passos novos na (re)formulação da linguagem sobre Deus?

Referências

ANDREATTA, C. M. *Experiência salvífica cristã e pluralismo religioso em E. Schillebeeckx*. Tese (Doutorado em Teologia) – Pontifícia Universidade Católica do Rio de Janeiro, Rio de Janeiro, 2003.

BAUTISTA, E. Dios. *In*: NAVARRO, M. (org.). *10 mujeres escriben teología*. Estella: Verbo Divino, 1993, p. 105-130.

BINGEMER, M. C. L. A Trindade a partir da perspectiva da mulher. *In*: BINGEMER, M. C. L. *et al. O rosto feminino da teologia*. São Paulo: Santuário, 1990, p. 103-108.

CAFFAGNINI, L. Igrejas inclusivas para novas mulheres e novos homens. *Instituto Humanitas Unisinos*, São Leopoldo, 2023. Disponível em: https://www.ihu.unisinos.br/categorias/630951 – Acesso em: 20 jul. 2023.

CARR, A. *Grazia che transforma*: Tradizione Cristiana e esperienza delle donne. Bréscia: Queriniana, 1991.

FOUCAULT, M. *The order of things*: an archeology of human science. Nova York: Vintage Books, 1973.

GEBARA, I. *Caminhos para compreender a teologia feminista*. São Paulo: Recriar, 2023.

GEBARA, I. *Teologia ecofeminista*. São Paulo: Olho d'Água, 1997.

GEFFRÉ, C. *Como fazer teologia hoje*: hermenêutica teológica. São Paulo: Paulinas, 1989.

HINES, M.; MCENROY, C. Feminism and theological language. *Proceedings of the Catholic Theological Society of America*, v. 42, p. 133-136, 1987.

HUNT, M. E. Discurso feminista sobre o divino em um mundo pós-moderno. *Cadernos Teologia Pública*, São Leopoldo, ano IX, n. 66, p. 1-25, 2012.

JANSEN, A. Desmasculinizar a Igreja: desafio de feminizar a linguagem da liturgia. *Instituto Humanitas Unisinos*, São Leopoldo, 2024. Disponível em: https://www.ihu.unisinos.br/645755 – Acesso em: 16 nov. 2024.

JOHNSON, E. *Aquela que é*: o mistério de Deus no trabalho teológico feminino. Petrópolis: Vozes, 1995.

MCFAGUE, S. *Modelos de Dios*: teologia para una era ecológica y nuclear. Cantábria: Sal Terrae, 1987.

MELANÇON, L. Expériences des femmes et théologie: la théologie "mujerista": une nouvelle pratique théologique. *Laval Théologique et Philosophique*, v. 56, n. 1, p. 33-46, 2000.

PERRONI, M. Per un linguaggio non sessista: come parliamo di dio? *In*: *59ª Sessione di formazione ecumenica del SAE – 25 luglio '23 – ore 10 – Assisi*. 2023. Disponível em: https://youtu.be/TwAaTvqvYNA?si=grpbetIwbbuxI78B – Acesso em: 30 abr. 2025.

RICOEUR, P. *Teoria da interpretação*. Lisboa: Biblioteca de Filosofia Contemporânea, 2000.

RUETHER, R. R. *Sexismo e religião*: rumo a uma teologia feminista. São Leopoldo: Sinodal, 1993.

SCHILLEBEECKX, E. *Cristo y los cristianos*: gracia e liberación. Madri: Cristiandad, 1982.

SCHÜSSLER FIORENZA, E. *Caminhos da sabedoria*: uma introdução à interpretação bíblica feminista. São Bernardo: Nhanduti, 2009.

SCHÜSSLER FIORENZA, E. *et al. A mulher*: invisível na teologia e na Igreja. Petrópolis: Vozes, 1985.

SÖLLE, D. Los nombres de Dios. *In*: GEBARA, I. *et al. Teología con rostro de mujer*. Managua: Lascasiana, 2000.

TILLICH, P. *Dynamics of faith*. Nova York: Harper & Brothers, 1957.

XVI ASSEMBLEIA GERAL ORDINÁRIA DO SÍNODO DOS BISPOS (Segunda Sessão). *Para uma Igreja Sinodal*: comunhão, participação, missão. Documento Final. n. 60, 2024. Disponível em: https://www.synod.va/content/dam/synod/news/2024-10-26_final-document/POR---Documento-finale.pdf – Acesso em: 30 abr. 2025.

Sobre as autoras

Cleusa Maria Andreatta é religiosa da Congregação das Irmãs da Divina Providência. Possui graduação em Filosofia (1999) e em Teologia (1988) pela Pontifícia Universidade Católica do Rio Grande do Sul, mestrado em Teologia pela Faculdade Jesuíta de Filosofia e Teologia (1994) e doutorado em Teologia pela Pontifícia Universidade Católica do Rio de Janeiro (2003). Atualmente é professora adjunta da Universidade do Vale do Rio dos Sinos e integrante da equipe de coordenação do Instituto Humanitas Unisinos (IHU), com ênfase no Programa Teologia Pública. É responsável técnica pela publicação dos *Cadernos Teologia Pública IHU* e membro do conselho editorial dos *Cadernos Teologia Pública* e dos *Cadernos IHU Ideias*. Tem experiência na área de formação humanística com aulas de ética e bioética; na área de teologia, com ênfase em teologia sistemática, atuando principalmente nos seguintes temas: teologia, teologia pública, teologia do diálogo inter-religioso, teologia e gênero, escatologia, espiritualidade, religião e cultura, teologia pastoral e liturgia. Possui experiência na promoção de eventos acadêmicos em perspectiva transdisciplinar, com ênfase em teologia pública.

Francilaide de Queiroz Ronsi possui graduação em Bacharelado em Teologia pela Universidade Católica de Pernambuco, mestrado e doutorado em Teologia Sistemática pela Pontifícia Universidade Católica do Rio de Janeiro (PUC-Rio) e pós-doutorado em Ciências da Religião pela Universidade Católica de Pernambuco. Atualmente é coordenadora e professora do Programa de Pós-Graduação em Teologia da PUC-Rio; está inserida na linha de pesquisa Religião e Modernidade; e coordena dois projetos: "Mística e espiritualidade do cotidiano" e "Teologia espiritual encarnada". É presidenta da Sociedade Brasileira de Teologia Sistemática (SBTS) e vice-presidenta da Associação Nacional de Pós-Graduação e Pesquisa em Teologia e Ciências da Religião (Anptecre).

Gisele Canário é mestra em Teologia, com ênfase em exegese bíblica (Antigo Testamento), pela Pontifícia Universidade Católica de São Paulo (PUC-SP). É graduada em Teologia e Geografia. Atua como assessora no Centro Bíblico Verbo desde 2011, onde se dedica à produção de materiais para estudos bíblicos, gravação de vídeos, formação em comunidades eclesiais e cursos bíblicos on-line. Também grava vídeos para redes sociais, abordando temas bíblicos com profundidade e acessibilidade. É autora de livros publicados pela Editora Vozes e de materiais didáticos para cursos de Teologia.

Ivone Gebara é filósofa e teóloga ecofeminista. Trabalhou muitos anos como professora do Instituto de Teologia do Recife. Atualmente vive em São Paulo e tem feito assessorias e cursos breves tanto no Brasil quanto no exterior. Tem muitos livros e artigos publicados em diferentes idiomas e países.

Lucia Weiler tem graduação em Teologia (1974) pela Pontifícia Universidade Católica do Rio Grande do Sul (PUCRS) e mestrado (1987) e doutorado (1992) em Teologia, ambos pela Pontifícia Universidade Católica do Rio de Janeiro. Foi professora de Sagrada Escritura da PUCRS de 1987 a 2000 e na Escola Superior de Teologia e Espiritualidade Franciscana (Estef) de 1986 a 2012, sendo vice-diretora na mesma instituição de 2007 a 2010. Coordenou os cursos de Pós-Graduação *Lato Sensu* em Teologia da Vida Religiosa e Formação para a Vida Religiosa, desde 2008 até janeiro de 2012, na Estef em parceria com a Conferência dos Religiosos do Brasil (CRB). Tem experiência na área de teologia, com ênfase no Novo Testamento, hermenêutica bíblica, teologia feminista e leitura popular, ecumênica e orante da Bíblia. É Irmã da Divina Providência e atualmente vice-presidente da Rede Divina Providência de Ação Social e Cidadania (Redipasc). Também atua na formação de lideranças eclesiais no meio popular e em assessorias bíblicas e teológicas em institutos e congregações religiosas.

Maria Clara Bingemer é formada em Comunicação Social (1975) e mestra em Teologia (1985), ambos pela Pontifícia Universidade Católica do Rio de Janeiro (PUC-Rio), e doutora em Teologia Sistemática (1989) pela Pontifícia Universidade Gregoriana. Leciona no Departamento de Teologia da PUC-Rio e durante dez anos dirigiu o Centro Loyola de Fé e

Cultura da mesma universidade. Tem experiência na área de teologia, com ênfase em teologia sistemática, atuando principalmente nos seguintes temas: Deus, alteridade, mulher, violência e espiritualidade. Em fevereiro de 2024 foi nomeada pelo Papa Francisco consultora para a Secretaria Geral do Sínodo sobre Sinodalidade.

Maria Inês de Castro Millen é leiga, casada, mãe e avó. Tem graduação em Medicina pela Universidade Federal de Juiz de Fora (UFJF), graduação em Teologia pela Pontifícia Universidade Católica do Rio de Janeiro (PUC-Rio), mestrado em Ciências da Religião pela UFJF e doutorado em Teologia pela PUC-Rio. Sua área de atuação é a teologia moral. É professora emérita do Instituto Teológico Santo Antônio – UniAcademia e perita do Instituto Nacional de Pastoral Padre Alberto Antoniazzi –, Conferência Nacional dos Bispos do Brasil. Ainda, é membro da Sociedade de Teologia e Ciências da Religião e da Sociedade Brasileira de Teologia Moral e participa do grupo Fé e Política e do Observatório Eclesial Brasil. Tem várias obras publicadas na área de teologia moral e formação.

Neiva Furlin atuou em pastorais eclesiais, na diretoria da Conferência dos Religiosos do Brasil (CRB) do Paraná e como assessora executiva da CRB Nacional. É doutora em Sociologia pela Universidade Federal do Paraná, com doutorado sanduíche na Universidade Nacional Autónoma de México. Fez pós-doutorado em Ciências Sociais pela Universidade Estadual de Maringá. Atualmente é pesquisadora e professora permanente do Programa de Pós-Graduação em Educação da Universidade do Oeste de Santa Catarina e líder do grupo de pesquisa Educação, Políticas Públicas e Cidadania (GEPPeC).

Suzana Regina Moreira é doutoranda em Teologia Sistemático-Pastoral na Pontifícia Universidade Católica do Rio de Janeiro. Trabalha como gerente de programas para conversão ecológica no Movimento Laudato Si' e faz parte do comitê diretivo ecumênico do Tempo da Criação, ambos a nível global. Atua como ativista socioambiental e educadora popular engajada com movimentos ecumênicos e inter-religiosos no Brasil e na América Latina. Pesquisa nas áreas de teologia do corpo, teologia latino-americana, ecoteologia, teologia feminista e teologia *queer*.

EDITORA VOZES LTDA.
Rua Frei Luís, 100 – Centro – Cep 25689-900 – Petrópolis, RJ
Tel.: (24) 2233-9000 – E-mail: vendas@vozes.com.br